AtV

Therese Schlundt wurde am 10. August 1922 in Jünkerath in der Eifel geboren. 1953 eröffnete sie ihre erste Praxis, und 1960 ließ sie sich als Hebamme in Köln nieder und betreut bis heute Frauen in der Geburtsvorbereitung und nach ambulanten Geburten.

Mehr als fünfzig Jahre ist Therese Schlundt als freiberufliche Hebamme tätig und hat nahezu viertausend Kinder auf die Welt geholt – manchmal innerhalb einer Familie mehrere Generationen. Noch immer ist es für sie der schönste Beruf, den sie sich vorstellen kann. Lebendig und auf ihre ganz eigene Art erzählt sie von ihren vielen Erlebnissen als Hebamme; sie gibt Einblicke in ihre jahrelange Praxis der Geburtshilfe zu Hause und beschreibt ihren Kampf für die Verbesserung der Situation der Hebammen. Eine amüsante Lektüre und zugleich das Selbstporträt einer Frau, die sich wie kaum eine andere für Mütter und Kinder eingesetzt hat.

Therese Schlundt

Alles Wunderkinder

Geschichten einer Hebamme

Herausgegeben von Astrid Roth

Aufbau Taschenbuch Verlag

Mit 26 Abbildungen

ISBN 3-7466-2160-7

1. Auflage 2005
Aufbau Taschenbuch Verlag GmbH, Berlin 2005

Dieses Buch ist unter dem Titel »Geschichten einer Kölner Hebamme« im Jahre 2003 im J. P. Bachem Verlag, Köln erschienen
Bildnachweis: Alle Abbildungen Therese Schlundt, außer S. 115 Monika Omri-Pack, Köln; S. 191 Ingrid Bahß, Köln
Umschlaggestaltung MediaBureau Di Stefano, Berlin
unter Verwendung eines Fotos von Getty Images
Druck Ebner & Spiegel, Ulm
Printed in Germany

www.aufbau-taschenbuch.de

Widmung

Meinem Mann Heinz,
meiner Tochter und Mitarbeiterin Ingrid,
meiner Großmutter Timothea, meinen Eltern und Geschwistern,
meinen Enkeln Johannes, Lukas, Elisabeth und Katharina,
meinen Urenkeln Ronja, Julischka, Jussi und Noah Samuel,
meiner Schwiegerenkelin Lilliam, Tante Trude, Ulla
– sowie Ziska und Monika Plonka,
Josef Kardinal Frings, Erzbischof von Köln,
und all meinen Kolleginnen, die mir Vorbild waren – besonders
die Hebamme Schwester Assumpta –, und den vielen ärztlichen
Geburtshelfern,
die mir beistanden und halfen, und Martin Tim Baumgarten,
der drei Stunden nach seiner Geburt starb
und dessen kurzes Leben so viel bewegte.
Gott sei Dank.

Inhalt

Der Gegenstand eures Berufes,
das Geheimnis seiner Größe und Schönheit, geliebte Töchter,
besteht darin, mit Sorgfalt über jene stille und dunkle Wiege zu wachen,
in der Gott dem von den Eltern gegebenen Keime
eine unsterbliche Seele eingießt, und eure Mühe der Mutter zu schenken,
um ihr zu helfen, das Kind, das sie trägt, glücklich zur Welt zu bringen.
Wenn man an dieses wundervolle Zusammenwirken von Eltern,
Natur und Gott denkt, aus dem ein neues Menschenwesen
nach dem Bilde und Gleichnis des Schöpfers hervorgeht (Gen. 1, 26f.),
wie sollte man da nicht den Beitrag, den ihr zu diesem Werke leistet,
in seinem ganze Werte würdigen?

Pius XII.

Vorwort

Therese Schlundt lediglich als Hebamme zu bezeichnen wird ihrer Wirkung in Köln nicht gerecht. Sie hat über Jahrzehnte die Geburtshilfe in Köln ganz wesentlich mitgeprägt.

1974 kam ich als junger Assistent an die Universitäts-Frauenklinik Köln. Es war damals die Zeit der »terminierten« Geburt und die Geburtshelfer glaubten, durch eine gezielte Geburtseinleitung am Termin die Sicherheit der Geburtshilfe erhöhen zu können. Das Erleben der Geburt und die Schwangere selbst standen dabei eher im Hintergrund. Nahezu jede Geburt wurde eingeleitet und es kam häufig auch auf Grund mangelnder Erfahrung gerade von uns Jüngeren zu oft sehr verzögerten Geburtsabläufen und zu traumatischen Geburtserlebnissen für die Mütter.

Da lernte ich bei einer Podiumsdiskussion Therese Schlundt kennen. Sie war eine einprägsame Persönlichkeit mit viel Herz und Liebe und immer zur Diskussion bereit, auch wenn sie die Meinungen ihres Gegenübers nicht teilte. Für sie standen neben einer guten Schwangerschaftsbetreuung die Mütter ganz im Mittelpunkt. Dabei opferte sie sich selbst für ihre Patientinnen bis zur völligen Erschöpfung auf. Mich hat dies damals so beeindruckt, daß ich eine völlig neue Sichtweise der Geburtshilfe bekam.

Der schnelle Wandel der Geburtshilfe in Köln von der terminierten Geburt zum natürlichen Geburtsablauf, bei dem die Wünsche, aber auch die Sorgen der Mütter von größter

Bedeutung sind, wurde ganz wesentlich durch Therese Schlundt geprägt. Ihr ist es zu verdanken, daß sich das Rooming-in, die Stillberatung und die Hebammennachsorge bereits wenige Jahre später, Ende der siebziger Jahre, fast überall durchgesetzt hatten. Beeindruckend war dabei ihr ungeheurer Erfahrungsschatz, mit dem sie Gefahrensituationen bei der Geburt förmlich spürte, bevor unsere modernen Überwachungsmethoden sie überhaupt erfassen konnten. So rief sie mich gelegentlich an, wenn sie Hilfe brauchte und teilte mir ihre Sorgen über den Schwangerschaftsverlauf bei bestimmten Müttern mit. Meist hatte sie Recht und lag mit ihren Vermutungen richtig.

Auf ihre Initiative hin bauten wir Anfang der achtziger Jahre an der Universitäts-Frauenklinik Köln gemeinsam mit Elfi Scho-Antwerpes eine Stillberatung und umfassende Nachbetreuung der Mütter im Wochenbett auf. So konnten sich alle Mütter an uns wenden, auch dann, wenn sie nach der Entlassung aus dem Krankenhaus noch Probleme hatten. Wenn wir nicht ein noch aus wußten, zum Beispiel bei schweren Brustentzündungen oder anderen Problemen, brauchten wir nur Therese Schlundt anzurufen und bekamen sicher einen kompetenten, oft unkonventionellen, aber nichtsdestoweniger guten Rat, so daß wir vielen Müttern helfen konnten.

Ihre Ausstrahlung, ihre große Liebe zu den Frauen und ihr Einsatz machten es fast unmöglich, ihr einen Wunsch abzuschlagen. Wie sie selbst schreibt, hat sie bei ihren über 4000 Entbindungen, die sie betreut hat, über 3000 Kölnerinnen und Kölnern auf die Welt geholfen. Trotzdem hat sie keine Reichtümer anhäufen können, sondern gab ihr »letztes Hemd« für ihre »Oase«, eine Anlaufstelle für alle Fragen und Sorgen rund um die Schwangerschaft, und ihre Mütter. Ich erinnere mich, daß ihr einmal das Geld fehlte, um auf einen Hebammen-

Kongreß zu reisen, um dort einen Vortrag zu halten. Meist war sie so erfinderisch, daß sich in letzter Sekunde doch noch die notwendige Unterstützung fand.

Das Buch beschreibt in anrührender Weise den heute kaum noch vorstellbaren entbehrungsreichen Weg, den Therese Schlundt während ihrer Ausbildung und später als freie Hebamme in Köln wählte. Wir alle, die wir Therese Schlundt kennen, wünschen diesem Buch den großen Erfolg, den es verdient, und ihr noch viele Jahre Schaffenskraft für ihre Frauen und ihre »Oase«.

Prof. Dr. Friedrich Wolff
Chefarzt der Frauenklinik Krankenhaus Holweide

Eisenbahnerkind – meine Kindheit und frühe Jugend

Ich wurde am 10. August 1922 in Jünkerath in der Eifel als zweites von sechs Kindern geboren. Meine um zwei Jahre ältere Schwester Maria ist in Blankenheim in der Eifel, mein um vier Jahre jüngerer Bruder Georg in Alsfeld in Oberhessen geboren. Meine beiden jüngsten Geschwister Hildegard und Paul in Frankfurt am Main. Wir sind alle in einem Bahnhof geboren.

Meine Eltern, Georg Frings und Katharina Strunk, stammten aus zwei kleinen Dörfern bei Neustadt/Wied und Waldbreitbach im rheinischen Westerwald. Meine Mutter neckte meinen Vater immer damit, daß ihr Dorf Ammerich doppelt soviele Häuser hätte wie Hollig. Mein Vater war ein tüchtiger Eisenbahner und wurde oft versetzt. Als ich sechs Wochen alt war, wurde er von den Franzosen verhaftet und war dreizehn Monate im Gefängnis. Danach wurde er aus dem Rheinland ausgewiesen – und mit ihm natürlich die Familie. Mein Vater hatte nicht verraten, wer einen Waggon mit Lebensmitteln auf das Hauptgleis rangiert und in der Nacht danach die Lebensmittel vom Abstellgleis an die hungernde Bevölkerung verteilt hatte.

Der verlorene Krieg, die Inflation und die zahlreichen Ausweisungen aus dem Rheinland waren der Gesprächsstoff meiner frühen Kindheit. Ein Prälat namens Kaas aus Köln hat sich für die Freilassung meines Vaters eingesetzt. Er teilte meiner Mutter auf einem Kärtchen mit, daß ihr Mann bald nach Hause käme. Das hatte er einem Telefongespräch zwischen den französischen Behörden in Düsseldorf und Köln entnommen, das er auf der Kommandatur in Köln mitbekam. Ich habe noch die zittrige Greisenschrift vor Augen, da ich das Kärtchen oft betrachtet hatte.

Durch die Ausweisung kam unsere Familie in die hessische Diaspora nach Alsfeld in Oberhessen. Die Kirche dort war eine Baracke, und ich kann mich erinnern, daß der Bischof einmal zur Visitation der Gemeinde mit der Kutsche vorfuhr, die von zwei Schimmeln gezogen wurde. In der Kirche konnte ich nur selten andächtig sein, weil ich ständig von den älteren Kindern »gepietscht« wurde. Im Kindergarten war ich nur einen Tag. Nicht für Geld und gute Worte war ich zu bewegen, weiter dorthin zu gehen. Zu Hause war es doch so schön!

1929 wurde er von Alsfeld in Oberhessen nach Frankfurt am Main versetzt und leitete einen Bauzug mit ausgesuchten Rottenführern und Arbeitern. Einmal arbeitete er in dieser Zeit sogar im zweitgrößten Tunnel Deutschlands, dem Distelrasen bei Flieden. Dort mußten verschiedene Arbeiten an den Weichen und Gleisen ausgeführt werden. Das war ein sehr verantwortungsvoller Posten. Mein Vater kam in diesen Jahren nur an den Wochenenden nach Hause. Er brachte uns Kindern dann immer Hefeschnecken mit. Bei unserer Erziehung in dieser Zeit war meine Mutter alleine.

Wir wohnten in Frankfurt zwar am Hauptgüterbahnhof, also nahe am Hauptbahnhof in einer sehr betriebsamen Gegend, aber sonntags war es dort menschenleer und für uns Kinder ideal zum Spielen. Die Eisenbahnerwohnungen waren sehr geräumig, hatten große Gärten und eine Bleiche. Ich erinnere mich noch, daß ich gerne die Weißwäsche, die auf der Wiese lag, neu besprengt habe. Ich erinnere mich auch noch an die Eiswagen, die Blockeis brachten und an den Gemüse- und Obstwagen, wo nur der Jüngste, das war Paul, eine Banane bekam. Mein Vater trank, wenn er zu Hause war, immer einen Krug Bier zum Abendessen und wir Kinder wechselten uns beim Bierholen in der Eckkneipe, die Scherer hieß, ab. Wir aßen fast jeden Abend Fisch, das Fischgeschäft war auf der Mainzer Landstraße. Auf der Mainzer Landstraße wohnte auch unser Kinderarzt, ein Jude. Auch der Händler, der ins Haus kam und bei dem meine Mutter regelmäßig Bettwäsche kaufte, war ein Jude. Ich erinnere mich, daß meine Mutter sehr betrübt war, als er nicht mehr kam.

Meine Großmutter mütterlicherseits wohnte damals bis zu ihrem Tod 1941 bei uns. Im Sommer fuhr sie immer für drei Monate mit den noch nicht schulpflichtigen Kindern in den Westerwald auf den Ammerischer Hof, von dem sie stammte. Sie war die Älteste von 13 Kindern und ihr jüngster Bruder, der verwitwet war und acht Kinder hatte, bewirtschaftete den Hof. Das waren herrliche Sommerferien, von denen ich als größeres Kind immer traurig wieder in die Großstadt zurückkehrte. Wir halfen bei der Roggen-, Weizen- und manchmal auch bei der Gerste- und Hafererernte mit, wenn die Ferien spät lagen. Als Vierjährige hatte ich einmal so schlimmes Heimweh, daß man meinem Vater ein Telegramm schickte, er müsse mich abholen.

Ab 1929 besuchte ich vier Jahre lang die Bonifatius-Grundschule in Frankfurt-Bockenheim. Der Schulweg dorthin war lang und führte an der Frankfurter Festhalle vorbei, durch die Anlagen, die am Senkenburg-Museum begannen, am imposanten Gebäude des Reichsbahnpräsidiums entlang, die Hohenstauffenstraße runter. Meistens begleitete ich noch eine Schulkameradin nach Hause, bevor ich in die Güterstraße bog, in der wir wohnten. Dann bekam ich Schelte, weil ich wieder getrödelt hatte.

1933 wechselte ich zum Oberlyceum der Ursulinen im

Unterweg in Frankfurt, meine zwei Jahre ältere Schwester war schon auf der Schule. In Zweierreihen ging es nach der Pause die Treppe hinauf, vorbei an einem Spruch, der groß auf der Stirnwand stand:

»Wohl mag der Mann die großen Zeiten bauen,
Doch wenn er Steine türmt mit starker Hand,
wehe, wenn das Weib sie glättend nicht verband.
Es steht und fällt ein Volk mit seinen Frauen.«

Dieser Spruch von Hedwig Dransfeld, die Mitbegründerin des Katholischen Deutschen Frauenbundes, hat mich mein Leben lang geprägt. Ich war immer froh und stolz, eine Frau zu sein.

Unsere Klassenlehrerin damals, Elisabeth Lill, war eine Dichterin. Ihre Bücher erschienen im Tyrolia-Verlag in Innsbruck. In ihren Büchern kamen auch ihre Schülerinnen vor, zum Beispiel meine Schwester. Ein Buch von ihr handelte von einer Stiefmutter, die die Kinder einer depressiven Mutter zu sich nimmt – ein ähnliches Thema wie in »Viola Tricolor«, einer Erzählung von Theodor Storm. Ich habe immer vermutet, daß die Geschichte Fräulein Lills eigenes Schicksal beschrieb.

Fräulein Elisabeth Lill war eine exzellente Deutsch- und Französisch-Lehrerin. Und sie hat uns sehr einfühlsam und behutsam aufgeklärt: Um den Zyklus der Frau zu veranschaulichen, verglich sie die Gebärmutter mit einem Bett, das alle vier Wochen frisch bezogen wird. Diese Erklärung hat mir gefallen und mich lange begleitet. Fräulein Lill war nicht verheiratet. Heute weiß ich, daß sie vielleicht nicht heiraten durfte, sie sah etwas schwindsüchtig aus.

Nach dem Unterricht bat sie immer eine oder zwei Schülerinnen zu sich, die ihr aufgefallen waren, weil sie traurig oder besonders still schienen, um mit ihnen zu sprechen. Besonders oft wurde Lieselotte Winter gerufen. Sie war Jüdin und sehr begabt und wirkte oft sehr bedrückt. Ihr Vater, der das drohende Schicksal auf sich und seine Familie zukommen sah, war voller Verzweiflung und am Ende seiner Kräfte. Das äußerte sich in furchtbarer Nervosität gegenüber der Familie. Lieselotte erlebte zu Hause eine große Hoffnungslosigkeit. Sie konnte schließlich als Hauslehrerin nach Lissabon gehen, was ist wohl aus ihr geworden?

Eine zweite Mitschülerin – Vera Gerschmann, eine Halbjüdin – kannte ich schon von der Bonifatius-Schule. Ihr Vater war russischer Jude. Als die Judenverfolgung in Deutschland begann, war sie mit ihrer Mutter und ihrem Bruder im Pfarrhaus der Frauenfriedenskirche untergekommen, die eine Gründung des Deutschen Frauenbundes war. Vera überlebte den Krieg. Ich habe in Erinnerung, daß ihre Kleider während der schweren Kriegsjahre immer schäbiger und kürzer wurden. Ich konnte ihr Schicksal eine Zeit lang nach Kriegsende weiter verfolgen, weil ihr Bruder damals mit meiner besten Freundin eng befreundet war. Die Familie beklagte nach dem Krieg, daß Vera zu nichts mehr zu gebrauchen war und nur noch Kochbücher las. Für mich ein Beweis, wie sehr sie in der Nazizeit gehungert haben mußte.

In Frankfurt lebten viele Juden. Wir wohnten nahe am Westend, einem von den jüdischen Bewohnern der Stadt bevorzugten Wohnviertel mit schönen Villen. Samstags, wenn ich meine Schulfreundin Liselotte Höllerl nach Hause begleitet hatte, begegnete ich den Familien, die aus der Synagoge kamen. Die Eltern und Kinder waren festlich gekleidet.

Der Vater von Liselotte war Hausmeister in einer von Juden bewohnten Villa. Liselottes Familie wohnte dort im obersten Stock in einem großen Zimmer mit Extraküche. Da ich große

Eisenbahnerwohnungen gewohnt war, fiel mir das als Kind merkwürdig auf – nur ein Zimmer!

Im November 1938 sah ich auf dem Heimweg von der Schule die rauchenden Trümmer der Frankfurter Synagoge in der Innenstadt. Ich kann mich nicht erinnern, mit welchen Gefühlen. Ich erinnere mich aber an Treffen der katholischen Jugend Frankfurts kurz vorher. Mit dem Marienverein haben wir im Frankfurter Dom gesungen: »Der Herr dort oben hält noch Hof und schirmt den wahren Glauben. Den Glauben, daß die Welt vergeht, wenn Männertreue wanket, den Glauben, daß wie Sand verweht, was um die Lüge ranket ...« Dann fühlten wir uns stark und geborgen. Es war eine Ahnung, die Angst vor etwas Schrecklichem in uns, gegen das wir ansangen. Bei einer Sprechstunde bei Fräulein Lill hatte meine Mutter einmal eine abfällige Bemerkung über Hitler gemacht. Am Tag darauf hatte Fräulein Lill mir gegenüber durchblicken lassen, daß sie damit nicht einverstanden war. Ob auch sie Angst hatte? Nach und nach wurde dann alles verboten – auch die katholische Jugend. Ein Prozeß, der schleichend verlief.

Ich blieb nach der Quarta zwar nicht sitzen, sollte aber trotzdem aufgrund meiner schlechten Noten – ich stotterte – in die Mittelschule der Ursulinen überwechseln. Kurz vor den Osterferien fuhren die Frankfurter Abschlußklassen immer für drei Wochen zur »Wegscheide«, einem alten Truppenübungsplatz im Spessart. Ich durfte damals auch mitfahren, obwohl ich ja eigentlich nicht mehr richtig zu der Klasse gehörte. Ich lag oft zwischen den verkrüppelten Tännchen im Heidekraut und schrieb Tagebuch. Das Heftchen verlor ich dort irgendwo. Fräulein Lill fand es, las es und ließ meine Eltern am Besuchstag aus Frankfurt in den Spessart kommen. Sie sagte ihnen, sie wolle mich nicht verlieren und erreichte bei der Schulleiterin Mater Rhabana, daß ich weiter zum Ober-

Frankfurt, Anfang der dreißiger Jahre: Die Mutter Katharina Frings umgeben von ihren Kindern Hildegard, Therese, Paul und Georg (v.l.n.r.). Hinten zwei Nachbarsjungen an der Teppichstange, dem damals beliebten Turngerät. Meine Schwester fotografierte uns.

lyceum gehen durfte. Meine Eltern, die ganz und gar nicht gewohnt waren, dauernd mit den Lehrern ihrer Kinder zu sprechen, nahmen das mit großem Erstaunen zur Kenntnis. Zu Hause wurde kein Wort mehr darüber verloren.

Meine ganze Teenagerzeit war davon geprägt, daß ich stotterte. Ich wußte alles, was ich gefragt wurde, wagte aber nicht zu sprechen. Zu Hause hatten sie keine Ahnung, daß ich diese Sprachhemmung hatte. Dort wurde es erst bekannt, als Fräulein Lill meine Schwester fragte, ob ich zu Hause auch stotterte.

In Französisch hatte ich nur ein »Ausreichend« oder ein »Mangelhaft«. Ich habe aber auch einmal eine Französischarbeit mit »sehr gut – gut vorbereitet« geschrieben, aber da mußte ich ja auch nicht sprechen. Als Fräulein Lill diese Arbeit mit einem Lob zurück gab, mußte ich weinen. Ich weiß noch, was eine Mitschülerin sagte: »Warum weint die denn bei einer Eins?« Fräulein Lill verstand es und machte irgendeine liebe Bemerkung dazu. All diejenigen, die auch unter diesem Problem leiden, werden meine Pein verstehen. Stottern ist eine qualvolle Beeinträchtigung des Lebensgefühls, man kann das gar nicht recht beschreiben. Ich habe das Stottern überwunden. Jetzt – nach einem Schlaganfall – stottere ich, wenn ich mich aufrege, etwas erklären muß und nicht verstanden werde.

Als Beamter mußte mein Vater uns 1938 aus der Konfessionsschule nehmen. Meine Schwester und ich waren mit die letzten Beamtenkinder, die unsere Schule verließen. Ob das eine Anordnung von oben war oder subtiler Druck auf die Beamten, weiß ich nicht.

Ich besuchte daraufhin noch ein Jahr lang die Herderschule, eine Frauenoberschule in der Nähe des Frankfurter Zoos. Zur selben Zeit wurde mein Vater von Frankfurt nach Bad Ems versetzt. Damit ging ein Wunsch meiner Mutter in Erfüllung, noch vor Ausbruch des Krieges, den man schon ahnte, aus der Großstadt weg aufs Land zu ziehen. Leider räumte der Vorgänger meines Vaters die sehr schöne Wohnung im Bahnhof von Bad Ems – ein Badezimmer, sechs Zimmer, der Flur war 15 Meter lang – nicht gleich, seine Frau konnte sich nicht davon trennen und wurde erst einmal krank. Unser Umzug zog sich deshalb hin.

In der Herderschule in Frankfurt hatte ich aber schon mehrmals erzählt, daß wir nach Bad Ems ziehen würden. Als sich der Umzug immer weiter verzögerte, ging ich vor lauter Scham schließlich nicht mehr in die Schule. Meine Freundin Ulla verstand nicht, warum ich nicht wie in den anderen Jahren mit ihr an Fastnacht durch Frankfurt ziehen wollte. Ich hatte Angst, jemanden aus der Schule zu treffen, denn alle wähnten uns schon in Bad Ems. Ich gestand schließlich ihrer Mutter, einer gütigen Frau, meinen Kummer; dann war alles gut, ich fühlte mich erleichtert. Das alles erfuhr mein Vater nicht, meine Mutter wußte allerdings davon.

Ulla ging übrigens später mit 34 Jahren als Austauschlehrerin in die USA, wo sie ihren Mann kennenlernte, einen Professor aus Krefeld, der an der Mennoniten-Universität in Kansas City lehrte. Die Mennoniten gewähren ihren Lehrkräften alle sieben Jahre ein Sabbatjahr bei halbem Gehalt. Die Familie – Vater, Mutter und drei Jungen – verlebten zweimal ein Sabbatjahr in Köln, und ich traf so Helmut, ihren Mann, und ihre Kinder Lorenz, Anselm und Benjamin.

Als wir endlich im Frühjahr 1939 als Familie in Bad Ems vereint waren – der Vater war schon vorher dorthin gezogen, weil er ja seine Stelle antreten mußte –, wurde ich Schülerin der Hildaschule, ein Lyceum in Koblenz, und damit Fahrschülerin. Trotz der beiden geschwänzten Monate wurde ich in die Unterprima aufgenommen. Meinen neuen Direktor habe ich deutlich als Nazi in Erinnerung. Zu einer Mitschülerin sagte er einmal: »Du siehst so beschissen aus wie meine Frau im sechsten Monat!«

Ich selbst war im vierten Monat schwanger, als ich im März 1941 an dieser Schule Abitur machte. Keiner wußte von meiner Schwangerschaft. Ich erinnere mich an den Abend, an dem wir auf unsere Reifezeugnisse warteten und alle anderen von ihren Studienplänen sprachen und ich mit meinem Geheimnis alleine war. Auf Grund dieses Erlebnisses konnte ich mich immer gut in Frauen hineindenken, die einmal in einer ähnlichen Lage waren.

Die Koblenzer Schule hatte ein Landschulheim in Schruns in Vorarlberg. Die Abiturientinnen und ihre Lehrkräfte freuten sich jedes Jahr auf das Skifahren dort. Auch wir fuhren nach dem Abitur nach Schruns. Ich hatte keine Ski, ein solches Hobby war in unserer kinderreichen Familie finanziell einfach nicht möglich. Ich stand aber trotzdem in diesen Ferien manchmal auf den Brettern, wenn meine Schulkameradin Gusti so nett war, mir ihre auszuleihen. Keinen Moment hatte ich darüber nachgedacht, daß ein Sturz für mich und mein Kind gefährlich sein würde.

Auf der Rückfahrt machten Gusti und ich Station in München. Es war ein sonniger Märztag, und ich kannte damals Köln noch nicht. Daher hielt ich lange Zeit München für die schönste Stadt Deutschlands.

Heimaturlaub

Meinen Mann lernte ich im Winter 1939 vor dem Frankreich-Feldzug in Bad Ems als »Einquartierung« kennen. Damals waren im Lahntal 3000 Soldaten bei Familien einquartiert. Ich sah ihn zum ersten Mal an einem verregneten Winterabend auf der Straße. Ich war mit meiner »Freundin« Doris Köpper unterwegs, und er suchte unter unserem Schirm Zuflucht vor dem Regen. Wir verabredeten uns für den nächsten Tag. Zum Glück hatte Doris für den nächsten Tag schon ein Rendezvous mit einer »höheren Charge«!

Mein zukünftiger Mann war für vier Monate in Bad Ems, und wir sahen uns damals fast jeden Abend. Nach einiger Zeit erzählte ein Nachbar meinem Vater, daß ich immer im Café Weber mit einem bestimmten Soldaten säße. Nach unseren ausgedehnten Spaziergängen an der winterlichen Lahn entlang wärmten wir uns dort auf. Die Reaktion meines Vaters war: »Wenn ich noch einmal höre, daß du dich mit dem triffst, dann …!« An einem der nächsten Tage trafen wir meinen Vater auf einer der drei Lahnbrücken. Es gab kein Zurück mehr für uns. Heinz grüßte meinen Vater, der den Gruß erwiderte und danach nie mehr ein Wort über unsere Beziehung verlor.

Man konnte im Krieg beobachten, daß es, wenn die Väter auf Heimaturlaub waren, bei den Frauen zu Spontanovulationen kam, sie also zu einem ungewöhnlichen Zeitpunkt im Zyklus, zu dem das Empfangen eines Kindes eigentlich unmöglich war, einen Eisprung hatten. Für mich war es früher immer ein Wunder gewesen, daß ich für zwei Tage mit dem letzten Freischein meines Vaters, der mir bis zum 18. Lebensjahr als Kind eines Eisenbahners zustand, nach Berlin gefahren war, um meinen zukünftigen Mann Heinz zu sehen, und meine Tochter von dort mitbrachte. Als Hebamme lernte ich dann später, daß ich genau an den beiden empfängnisgünstigen Tagen dort gewesen war.

Vor einem Jahr fand ich in einer Kirche eine Zeitung, die ich nach Hause mitnahm. Als ich in ihr blätterte, fiel eine zusammengefaltete Zeitung der Rechten aus ihr heraus. Ich entdeckte darin unter der Rubrik »Berühmte Soldaten« ein Bild des damaligen Kompaniechefs meines Mannes. Mein Mann hatte in Rußland durch einen Brief erfahren, daß er eine Tochter hatte – drei Wochen nach ihrer Geburt. Er meldete es seinem Vorgesetzten und der sagte nur: »Dann kannst du ja jetzt fallen.« »Panzer-Meyer« hieß der Kompaniechef, er wurde nach dem Krieg zum Tode verurteilt und dann begnadigt. Mein Mann hatte ihm einmal in Frankreich, in der Normandie, das Leben gerettet: Er war von seinem Schwimmwagen in den von Meyer gesprungen und hatte eine dort hineingeworfene Handgranate schnell so weit weggeworfen, daß sie, als sie explodierte, keinen Schaden mehr anrichten konnte. Wegen seines sportlichen Könnens hatte mein Mann sich als 18jähriger, obwohl er nur 1,76 Meter groß war, bei Kriegsbeginn zu einer Einheit der Waffen-SS als Kradfahrer gemeldet.

Im Alter von zehn Jahren war er als Sohn eines Försters in eine Heimschule nach Berlin-Lichterfelde gekommen, weil in der Nähe der väterlichen Försterei Staupitz keine Möglichkeit zum Besuch einer weiterführenden Schule bestand. In der Sexta blieb er sitzen, kein Wunder: Er kam ja aus einer einklassigen Dorfschule zwischen Sachsen und Sachsen-Anhalt. Er hat immer erzählt, wie er sich geschämt hat, wenn seine

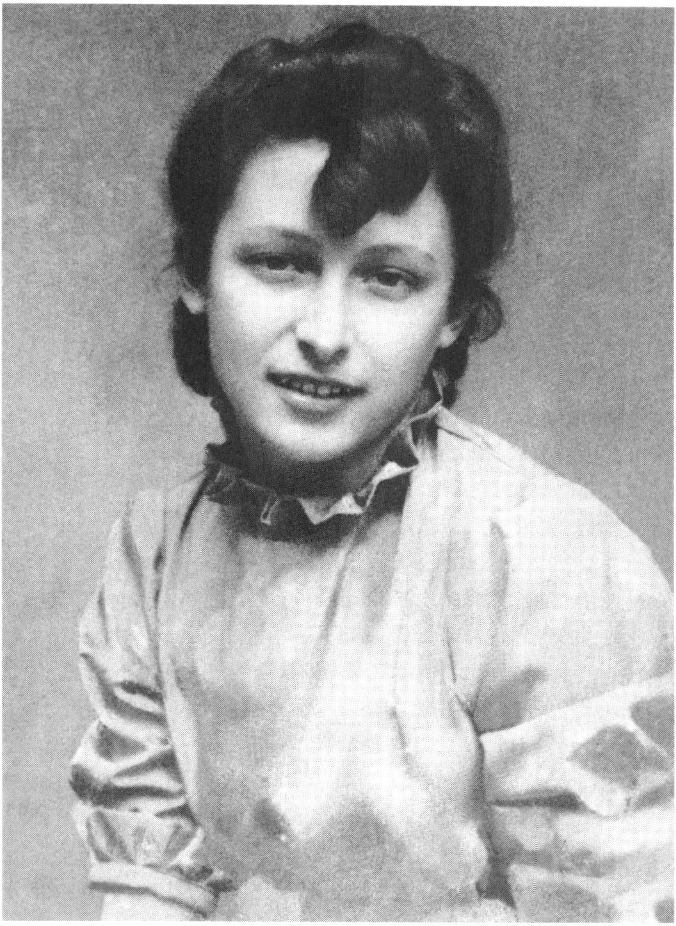

Therese Schlundt mit selbst entworfener und selbst genähter rot-blau changierender Taftbluse als Siebzehnjährige kurz vor Ausbruch des Zweiten Weltkriegs.

Mutter bei Besuchen tränenreich Abschied nahm und ihn küßte. Später, als mein Mann bereits am staatlichen Aufbaugymnasium in Altdöbern, Mark Brandenbrug, war – ebenfalls im Internat –, wurde aus der Heimschule in Berlin eine NAPOLA und dann eine Kaserne, wo ich ihn im November 1940 besuchte.

Ich schrieb in der Zeit, als mein Mann im Krieg war, Tagebuch, das ich vor Jahren wiederfand – und wieder verlegte. Ich hatte es damals nicht fertiggebracht, dort hineinzugucken, weil ich darin die Gefühle beschreibe, die ich hatte, als sich mein Mann fast ein Jahr nach meinem Besuch in Berlin noch nicht gemeldet hatte. Ich hatte ständig Briefe nach Berlin geschrieben, wo mein Mann damals nach seiner Verwundung am Institut für Leibesübungen eine Sportlehrerausbildung machte. Ich habe in allen Briefen immer wieder versucht, ihm Hoffnung im Hinblick auf eine gemeinsame Zukunft zu machen, und ihm geschrieben, wie ich mich auf das Kind freue und wie traurig ich wäre, daß er das alles nicht miterlebte. Ein Kamerad meines Mannes, Jupp Bongen, schrieb mir zwar tröstend in Heinz' Auftrag, daß dieser alle Briefe läse, aber er selbst schrieb weiter nicht. Heute weiß ich, daß er eine regelrechte Schreibblockade hatte.

Vom Krieg hat Heinz nicht viel erzählt. Unter anderem aber, daß es ihn sehr getroffen habe, als russische Soldaten, die in deutschen Regimenten kämpften und sich freuten, deutsche Soldaten zu sehen, und auf diese zuliefen, erschossen wurden. Dieses Erlebnis ließ ihn nie mehr los, auch nicht die Situation, als ein »Kamerad«, Schildknecht mit Namen, einen polnischen Priester hinterrücks erschoß. Dieser Soldat hatte sich in Bad Ems immer über meinen Mann und mich lustig gemacht, als wir uns gerade kennengelernt hatten. Als Schildknecht in Rußland auf dem Rand eines Schützengrabens saß, kam er durch

Georg Frings mit seiner Enkelin Ingrid, der einzigen Tochter von Therese Schlundt, zu Beginn der vierziger Jahre.

einen Kopfschuß um, und mein Mann war froh darüber. Wie viele junge Menschen, Familienväter und Priester hätte dieser Schildknecht wahrscheinlich noch erschossen, denn er war unmenschlich in seinem Haß. Mein Mann war auch schon früher wie ich der Überzeugung gewesen, daß dieser Krieg nicht zu gewinnen war, weil er verbrecherisch war, und er äußerte das auch. Erzählt hat er auch von einem Nahkampf am 12. Juli 1941, seinem 21. Geburtstag, in einem Kornfeld. Viele seiner Schulkameraden aus dem staatlichen Aufbaugymnasium in Altdöbern hatten ihr Leben im Krieg gelassen. Sie hatten meinen Mann während der Schulferien oft im elterlichen Forsthaus besucht.

Was in dem Tagebuch steht, das ich wiedergefunden hatte, ist sicher aufschlußreich, um das Empfinden eines jungen Mädchens im Krieg zu verstehen. Ich hoffe, es doch noch einmal lesen zu können. Der letzte Eintrag, an den ich mich erinnere, war: »Jetzt ist sie da – und schon vier Wochen alt, mein liebes Kind, und ich bin so glücklich!« Ich konnte mich gar nicht sattsehen an den Konturen dieses Kindergesichts.

Mein Mann und ich, wir haben 1942 in dem Forsthaus meines Schwiegervaters in einem kleinen Dorf in der Niederlausitz geheiratet, wo wir auch dann zunächst wohnten. Wir verbrachten die Hochzeitsnacht auf dem Dachboden des Forsthauses, die übrigen Zimmer waren mit Gästen voll belegt. Die Cousinen meines Mannes hatten in unserem Zimmer das Bett angesägt. Es brach unter uns zusammen und wir schliefen den Rest der Nacht auf dem Boden.

Als mein Mann 1944 im Lazarett in Paderborn lag, haben wir auf seinen Wunsch hin auch noch kirchlich geheiratet. Ich bin darüber heute noch froh. Unser Trauspruch war: »Einer trage des anderen Last.« Es ist mir ein Trost, daß ich in den langen Jahren unserer Ehe diesem Spruch gerecht werden konnte. Wenn er besonders zärtlich sein wollte, nannte er mich »Inimutti« – Ini war der Kosename für unsere Tochter.

Mein Mann und ich waren 53 Jahre miteinander verheiratet, als er im August 1994 starb.

Nach dem Krieg zogen wir zu meinen Eltern, die inzwischen im »Königreich Flieden« bei Fulda wohnten.

Damals wollten wir nach Kanada oder Peru auswandern. Wir waren in einer Auswandergemeinschaft, und ich hielt es für sehr wichtig, in dem fremden Land auch als Frau einen Beruf zu haben. Da kam einfach nur Hebamme für mich in Frage, einen Beruf, den es damals in Kanada noch nicht gab, der aber natürlich inzwischen aufgebaut wurde. Heute betreiben kanadische Hebammen intensiv Forschung.

Über dreitausend Kölnerinnen und Kölner

Die erste frei gewordene Praxis, die ich im Januar 1953 übernehmen konnte, war in Paderborn. Als wir dann in Menden im Sauerland durch Kontakte meines Mannes über den Sport eine Wohnung bekamen und mein Mann eine nicht beamtete Anstellung am Gymnasium in Menden erhielt, übernahm ich eine Landpraxis dort und arbeitete außerdem als Beleghebamme am Krankenhaus Wimbern bei Neheim-Hüsten, einem von Steyler Schwestern geführten mütterfreundlichen Barackenkrankenhaus. In meiner Niederlassungserlaubnis stand: »Hebamme für Menden, Platte Heide, Sümmern, Bösperde, Halingen und umliegende Dörfer«. Wenn ich einmal traurig war, nannte mein Mann mich mit vollem Titel, um mich aufzuheitern.

1959 zog unsere Familie nach Köln, da mein Mann Cheftrainer des damals sehr erfolgreichen ASV-Köln wurde. (Er selbst war 1943 Deutscher Meister über 800 Meter und später Westdeutscher Meister über 1500 und 800 Meter gewesen.)

1960 bekam ich schließlich eine Niederlassungserlaubnis für Köln-Nippes und 1966 für Köln-Chorweiler, wo wir gebaut hatten. Mein Mann unterrichtete damals Sport an einem Gymnasium in Bergheim, dann in Hilden und zum Schluß am Albertus-Magnus-Gymnasium in Köln-Ehrenfeld – das alles machte er neben der Trainertätigkeit.

Ich bin inzwischen seit über 50 Jahren Hebamme, ich war immer freiberuflich tätig. 1982 habe ich die »Oase zur Base Elisabeth« in Köln-Longerich gegründet. Sicherlich war ich die erste Hebamme in Deutschland, die schon Ende der fünfziger Jahre die ganze Bandbreite an Möglichkeiten, die wir Hebammen haben, die Frauen zu unterstützen, ausschöpfte. So habe ich damals schon neben den Hausgeburten Geburtsvorbereitungskurse gegeben und Schwangeren-, Still- sowie Mütterberatung angeboten und die Nachsorge übernommen. Hebammen beschränkten sich normalerweise damals meist auf ihren Dienst im Kreißsaal oder Hausgeburten. Meine Kollegin Monika Plonka, die ebenfalls in Köln tätig war, und ich betreuten neben den Hausgeburten auch über tausend Frauen nach ambulanten Geburten, die zwei Stunden nach der Geburt das Krankenhaus auf eigene Verantwortung verlassen hatten.

Ich habe mit Unterstützung meiner Tochter Ingrid eine eigenständige Art der Geburtsvorbereitung entwickelt, die bei den Kölner Frauen gut ankommt. Der »Kölner Wehensong«, ein im Rhythmus der Wehe von mir vorgetragener Sprechgesang, erleichtert das ruhige, vertiefte Atmen, das Beatmen des Kindes in der Wehe. Die Mütter, die den Wehensong als Schwangere in der Geburtsvorbereitungszeit kennengelernt haben, berichten immer wieder begeistert, wenn ich sie zum Beispiel nach Jahren in der Straßenbahn treffe, wie ihnen dieses Lied unter der Geburt geholfen hätte. Sie waren von ihren Hebammen im Krankenhaus oft gefragt worden: »Wer hat Sie so gut vorbereitet?«

Im Laufe der Jahre habe ich alle mit Geburt und Kind zusammenhängenden Gepflogenheiten und Produkte immer wieder auf ihre Zweckmäßigkeit und Kinderfreundlichkeit hin überprüft und hinterfragt und habe oft überrascht festgestellt, wie wenig sie den Bedürfnissen der kleinen Menschen entsprechen.

Im August 1999 erlitt ich während des Autofahrens einen Schlaganfall. Ich war gerade auf dem Weg zu einem Compu-

C. Der Eid der Hebammen.

§. 537.

Der Eid, welchen jede Hebamme zu leisten hat, bevor sie ihre Berufsthätigkeit antritt, ist in folgende Formel gefaßt. Es versteht sich von selbst, daß bei Hebammen jüdischen Glaubens die Schlußformel dieses Eides eine andere, den Lehren der jüdischen Religion entsprechende ist.

Ich .... schwöre hiermit zu Gott dem Allmächtigen und Allwissenden einen wahren körperlichen Eid, daß ich meine Pflichten und Handlungen in dem mir anvertrauten Hebammendienste als eine gewissenhafte Hebamme bei allen dahin gehörigen Vorfällen treu und sorgfältig verrichten, ohne alle Nebenabsichten handeln, und Niemandem vorsätzlich nachtheilig sein will; vielmehr gelobe ich, durch meinen Beistand den Gebärerinnen alle mögliche Hülfe zu leisten, sie nicht zur Arbeit vor der Zeit anzustrengen, sondern behutsam mit denselben zu verfahren, und sie nebst ihren jungen Kindern so lange bestens zu verpflegen, als es mir zukommt; insonderheit allen Fleiß, alle Sorgfalt, Mühe und Arbeit, soviel möglich, zur Erhaltung sowohl der Mutter, als des Kindes anzuwenden, dabei den Armen so gut, als Reichen, wenn ich gefordert werde, gleich willfährig und nicht säumig zu sein, und keine in der Arbeit begriffene Frau zu verlassen oder zu versäumen, wie es einer getreuen, sorgfältigen und gewissenhaften Hebamme ziemet und gebühret. So wahr mir Gott helfe durch Jesum Christum (und sein heiliges Evangelium). Amen.

Hebammeneide sind seit dem 15. Jahrhundert bekannt.
Sie dokumentieren sowohl die herausgehobene Stellung als auch die Abhängigkeit der Hebammen im Dienst der Obrigkeit einer Stadt oder eines Territoriums.

terkurs in Köln-Nippes. Ich fahre jetzt zu meinen wenigen Pflegen mit der Straßenbahn und erkunde dabei die Stadt Köln ganz neu.

Über vierzig Jahre habe ich in Köln gearbeitet, noch keinen Rosenmontagszug gesehen, immer war ich in Bereitschaft. Im

November 2002 war ich als Achtzigjährige zum ersten Mal in der Kölner Philharmonie, ein Geburtstaggeschenk von Frau Dix, eine »meiner« Frauen. Die Stadt und das Wohlergehen ihrer kleinen Bewohner liegen mir immer noch am Herzen. Von den viertausend Kindern, bei deren Geburt ich geholfen habe, sind über dreitausend Kölnerinnen und Kölner.

Blockstörung

»Der Bap war heut' Nacht bei einer Blockstörung«, sagte meine Mutter oft, bevor wir Kinder in die Schule gingen. Das bedeutete, im Bahnstellwerk war ein Relais ausgefallen und mein Vater mußte mitten in der Nacht die Störung beseitigen. Ich habe noch in Erinnerung, wie vor seinem Bett seine Hose lag, röhrenförmig, so daß er nur hineinzusteigen brauchte, wenn das Telefon in der Nacht ging. Wie ein Blitz war er dann verschwunden.

Mein Vater, der technischer Oberinspektor der Reichsbahn war, stand unmittelbar vor seiner Beförderung zum Amtmann, als er kurz vor der Währungsreform im Dienst mit seinem Sachs-Motorrad tödlich verunglückte. Ein Gebüsch, das der Wegewart schon längst hätte entfernen sollen, nahm ihm die Sicht auf einen LKW und er geriet zwischen zwei Lastwagen.

Das Beispiel, das er mir gegeben hat, hat mich in den vielen Nächten begleitet, die ich bei Geburten verbrachte.

Leider hat mein Vater nicht mehr erlebt, daß ich Hebamme wurde. Er war der Älterste von sechzehn Kindern. Sein Vater, der Schreiner war, hatte zu ihm scherzhaft, aber auch ungeduldig gesagt, als er klein war: »Jung', wenn du schon über den Tisch sehen könntest!« Mein Vater hat dann das Zimmermannshandwerk erlernt und seine Lehrjahre in den Kolpinghäusern in Frankfurt (Sailerstraße) und in Köln (Dagobertstraße) zugebracht. Für mich einer der Gründe, die mich nach Köln zogen.

Die Mutter meines Vaters starb mit 45 Jahren in Bad Neuenahr nach einer Kropfoperation an einer Bettlungenentzündung. Ich habe eine Postkarte von ihr, auf der steht: »Bringt mir mein ›Brell‹ und mein Gebetbuch!« Meine beiden Großväter starben in dem Jahr, in dem ich geboren wurde.

Vor Jahren erzählte mir eine Frau einmal, daß sie Angst hätte, ein zweites Kind zu bekommen, weil sie fürchtete, daß ihr Großvater dann sterben würde – gemäß dem Sprichwort: »Einer kommt, und einer geht.« Diese Todesfälle sind jedoch meiner Meinung nach einfach dadurch bedingt, daß die Eltern- und Großelterngeneration der jungen Eltern oft in einem Alter sind, in dem das passieren kann.

Als mein Vater starb, kamen die führenden Beamten der Direktion Kassel und Frankfurt zur Beerdigung und man ehrte ihn mit den Worten: »Mit ihm ist der letzte Bahnmeister gestorben.« Er hat übrigens auch Rosen gezüchtet, und der Bahnhof Flieden bei Fulda – eine Eilzugstation – wurde oft wegen seines Blumenschmucks prämiert.

Woher kommen die Kinder?

Einer Hebamme begegnete ich zum ersten Mal bei der Geburt meiner Geschwister Paul und Hildegard. Als Hildegard geboren wurde, waren wir gerade nach Frankfurt gezogen. Mein Vater klingelte nachts bei der Hebamme, die kam aber nicht mit, sondern forderte ihn auf, einen Polizisten mitzubringen. Sie hatte offenbar Angst, einen fremden Mann zu begleiten. Als mein Vater mit einem Polizisten zurückkam, ging sie schließlich mit zu uns nach Hause.

Ich bin zweimal umsonst gerufen worden: Einmal hatte sich das eine Clique von jungen Leuten in Köln-Bocklemünd als Gag für den Polterabend ausgedacht, ein anderes Mal nahm eine Klasse auf diese Weise Rache an der Lehrerin, die an Weiberfastnacht eine Arbeit hatte schreiben lassen. In beiden Fällen handelte es sich um Scherze, die ich ausbaden mußte.

1954, an dem Tag, als Deutschland Fußballweltmeister wurde, wurde ich abends zu einer Schwangeren gerufen, die ich nicht kannte. Ich fuhr nicht sofort dorthin, sondern fragte zunächst bei der Polizei nach, was das für eine Gegend sei, die man mir als Adresse genannt hatte. Man riet mir, noch einen zweiten Anruf abzuwarten, dann wollte man mich dorthin begleiten. Der zweite Anruf kam aber nicht, und ich inspizierte am nächsten Tag die Adresse: Es handelte sich um den abgelegenen Hinterhof einer Kohlenhandlung. Dort hingelockt, hätte man mir wirklich etwas antun können.

Ich habe eigentlich, wenn ich losfuhr, nie Angst gehabt, nur zwei Mal: Einmal kam ich nachts um drei Uhr von einer Geburt zurück und parkte meinen Wagen in der Großgarage in der Florastraße in Köln-Nippes neben einem schönen Jugendstilhaus. Als ich ausstieg, kamen von rechts und links zwei Männer auf mich zugelaufen. Ich erstarrte vor Schreck. »Gott sei Dank«, riefen sie, »sind Sie Frau Schlundt?« Damals hatten noch nicht alle Telefon, und die beiden Männer waren gekommen, um mich für eine weitere Geburt abzuholen.

Ein anderes Mal wurde ich ebenfalls wieder nachts zu einer mir unbekannten Frau gerufen. Das war in Köln-Vingst. In der Wohnung angekommen, packte ich meine Sachen aus und wollte die Frau untersuchen. Der Ehemann verbot mir das strikt, ich sagte jedoch, daß ich keine Frau entbinden könnte, die ich nicht vorher untersucht hätte. Schließlich ließ er mich gewähren und erzählte, daß seine Frau bei einer Untersuchung von einem Arzt vergewaltigt worden sei. Ich merkte, daß der Mann psychisch krank war, und so hatte ich nur einen Gedanken: Zu Hause weiß man nicht, wo du bist. Während der gesamten Geburt hatte ich die Tür als Fluchtweg im Visier.

Diese Vergewaltigungsidee habe ich noch einmal bei einer Frau erlebt, die mir erzählte, daß sie bei einem Eingriff ein Narkosemittel bekommen hätte, das solche Ideen hervorbringt, und sie lachte herzlich. Kurz darauf schaute sie mich ganz ängstlich an und fragte: »Oder glauben Sie, daß das wirklich passiert ist?«

Nach der Geburt meines Bruders Paul 1931, daran erinnere ich mich noch genau, ließen meine Mutter und die Hebamme meine Schwester und mich rufen, und sie fragten uns aus, woher die Kinder kämen. Ich weiß noch, daß wir das sehr genau wußten, aber ihnen antworteten, was sie hören wollten. Wir wußten das aus den Arztbüchern mit den aufklappbaren Kör-

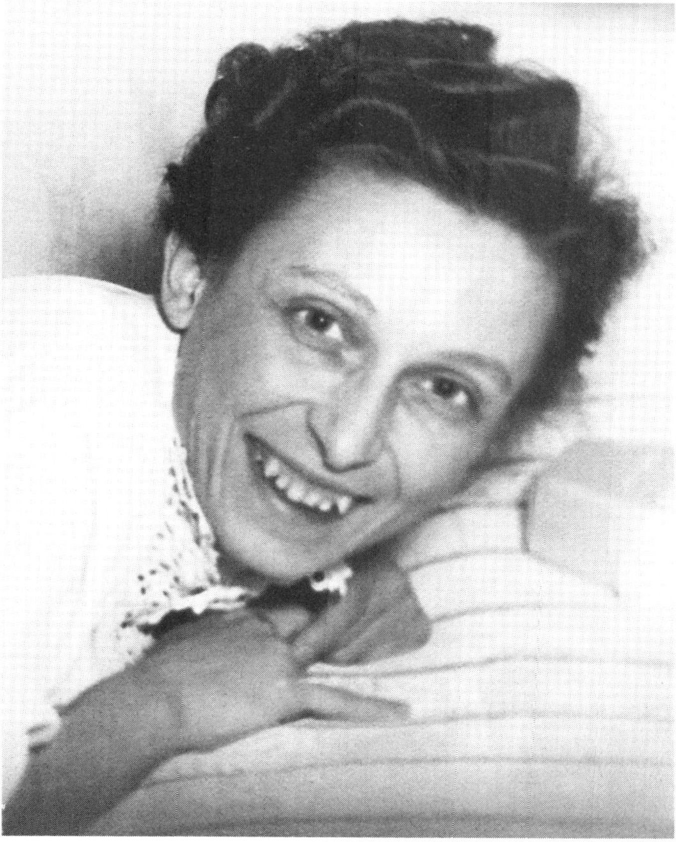

Therese Schlundt zu Beginn ihrer Ausbildung als Hebamme Anfang der fünfziger Jahre.

pern. Bei dem Frauenkörper war in der Gebärmutter ein Kind zu sehen gewesen.

Wir hatten bei meinem Bruder eine damals gar nicht so seltene Haustaufe. Die Hebamme war dabei und saß auf einem Stuhl an der Tür. Der Kaplan begann sie auszusegnen, weil er sie für meine Mutter hielt. Mein Vater verhinderte das gerade noch rechtzeitig. Die Aussegnung war eigentlich immer eine schöne Form des Dankes für eine geglückte Geburt.

Mein Vater schrieb jedes Mal nach einer Geburt freudige Briefe an die Verwandtschaft, in denen stand, daß wieder ein Prinz oder eine Prinzessin geboren war. Auch daran erinnere ich mich gerne.

Was mich bewogen hat, Hebamme zu werden

Zwei Bücher haben mich in meiner Entscheidung beeinflußt, Hebamme zu werden. Das eine, »Vierzig Jahre Storchentante« von Lisbeth Burger, gibt es noch heute. Es trägt jetzt den Titel: »Mit Zwillingen fing es an«. Dieses Buch gab es Anfang der dreißiger Jahre in fast jedem katholischen Haushalt. Damals war nicht ganz klar, ob es überhaupt von einer Hebamme geschrieben worden war. Viele glaubten, daß ein Priester es verfaßt hätte. Vor ungefähr zehn Jahren stand jedoch in einer Zeitung, daß Lisbeth Burger gestorben war, also muß sie wohl auch gelebt haben.

Dieses Buch las ich heimlich mit 13 oder 14 Jahren, in den Sommerferien im Westerwald. Ich las es zwei Sommer lang, mit roten Ohren – es lag in einem Pult im »Stüvchen«, der Stube neben der Küche. Wenn jemand kam, tat ich immer so, als würde ich etwas in dem Pult suchen, in Wirklichkeit las ich in dem Buch. Die Geschichte spielte nach dem Ersten Weltkrieg, als hohe Arbeitslosigkeit herrschte und viele Abtreibungen vorgenommen wurden. Der Pfarrer des Ortes schlug Lisbeth vor, Hebamme zu werden.

Lisbeth Burger beschreibt in ihrem Buch unter anderem eine Geburt, bei der eine Frau in einer Fabrikhalle niederkommt und die Männer johlend um sie herumstehen. Die Hebamme schaffte es mit ihrer Autorität, daß sich die Männer beschämt trollten und die Frau in Ruhe ließen. Das hat mich tief berührt und mich später im Beruf bewogen, auch immer auf die äußeren Umstände bei der Geburt Wert zu legen.

In einem anderen Buch las ich dann später, daß es auch in den Waliser Alpen einmal einen Dorfpfarrer gab, der wie bei Lisbeth Burger den Müttern zu einer Hebamme verholfen hatte. Sie harrte mit den Müttern aus, wenn der Weg zum Krankenhaus durch Lawinen versperrt war. Diese Arzt-Hebamme, wie sie in dem Buch genannt wurde, hat auch das Seil erfunden, das jetzt in den Kreißsälen unserer Krankenhäuser hängt. In den Bauerstuben hing es über dem zentralen Querbalken, die Frauen hielten sich unter der Geburt daran fest.

Das zweite Buch – es ist eine Trilogie von der norwegischen Nobelpreisträgerin Sigrid Undset –, »Kristin Lavranstochter«, spielt im frühen Mittelalter in Mittelnorwegen in der Nähe von Trondheim. Die Schilderung von Kristins erster Geburt, mit all dem Geheimnisvollen und Schicksalsträchtigen, das eine Geburt in sich birgt, hat mich als 16jährige verändert. Jede Frau, die diese Trilogie liest, wird von diesem Frauenschicksal vollkommen gebannt sein.

Aber dann kam noch etwas anderes dazu, das hatte mit dem Ammerischer Hof im Westerwald zu tun. Unsere Sommerferien dort verlebten wir mit den etwa gleichaltrigen fünf noch lebenden Kindern des verwitweten Großonkels Fritz. Wir Mädchen, Maria, Kätchen, Diva, Ziska, meine Schwester Maria und ich schliefen gemeinsam in einem Zimmer je zu zweit in einem Bett auf Strohsäcken. Abends beteten wird zusammen »Unter deinem Schutz und Schirm …«, »Lieber Heiland, sei so gut …« und »Sei gegrüßt, o Königin, Mutter der Barmherzigkeit …«. Wir beteten auch für die Mutter der Kinder, die am fünften Tag des Wochenbetts, wahrscheinlich an Kindbettfieber, der Geißel der Mütter, gestorben war. Franz, der Hoferbe, war ihr neuntes Kind nach acht Mädchen gewesen.

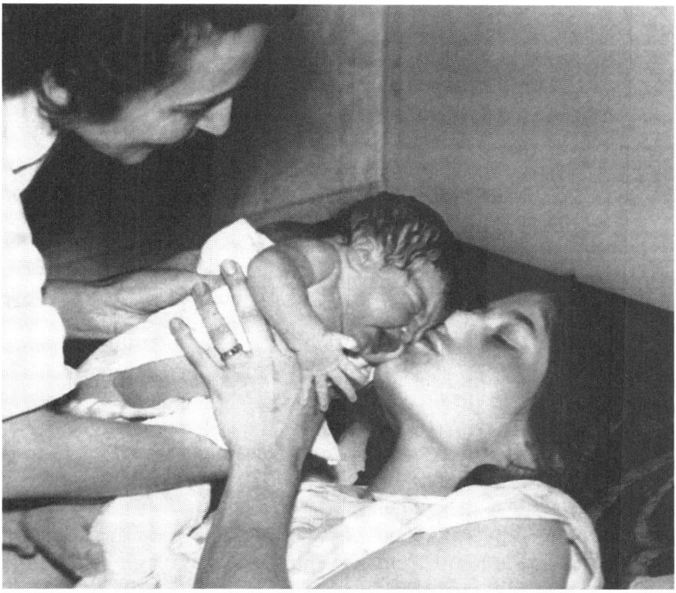

Therese Schlundt reichte den Müttern die Neugeborenen immer direkt nach der Geburt.

Wie konnte man bei der Geburt eines Kindes sterben? Diese Frage ließ mich während meiner ganzen Kindheit und Jugend nicht mehr los!

Mein Großonkel hat nie mehr geheiratet, seine ältere unverheiratete Schwester Eva ersetzte die Mutter, bis sie am Morgen des Erstkommuniontags von Franziska, ihrem Patenkind, einen Schlaganfall erlitt. Die »Evtante« war die gütigste Frau, der ich in meinem Leben je begegnet bin.

Dann hab ich 1940, ich war 17 Jahre alt, ein Praktikum im St.-Josephs-Säuglingsheim in Köln-Bayenthal gemacht. Das war zu Anfang des Krieges, vor meinem sogenannten Puddingabitur, der Reifeprüfung des hauswirtschaftlichen Zweiges der

Frauenoberschule. Ich hatte in dem Säuglingsheim ein Zimmer mit acht Kindern zu betreuen, das Jüngste, Ingrid, war drei Wochen und der Älteste, Georg, war acht Monate alt. Wenn ich mit Georg mit Windeln und Füttern fertig war, war es Zeit, wieder mit Ingrids Pflege zu beginnen. Dieses kleine Kind, das Jüngste in der Runde, war uns sehr ans Herz gewachsen, weil wir wirklich wochenlang – sechs Wochen dauerte das Praktikum – um das Leben dieses Kindes bangten. Es nahm nicht zu, erbrach öfter, bis es endlich dann doch aufwärts mit ihm ging. Da es kaum Nahrung zu sich nahm, mußte man es ganz behutsam füttern. Die Mutter war nicht in der Lage, sich um das Kind zu kümmern – der Vater des Kindes war gefallen, und sie trauerte um ihn. Ich habe Ingrid wirklich hochgepäppelt, mit großer Geduld und Gottvertrauen.

Über diese sechs Wochen im Säuglingsheim mußte ich für die Hildaschule in Koblenz einen Bericht schreiben, der mir mein erstes »Sehr gut« in Deutsch einbrachte. Der Text ist wahrscheinlich aus dem Erleben heraus sehr anschaulich und ergreifend gewesen. Alle, die ihn gelesen hatten, waren davon angetan. Nach diesem Sorgenkind Ingrid habe ich dann auch meine Tochter Ingrid genannt.

Das St.-Josephs-Säuglingsheim empfand ich damals als wahre Brutstätte des Hospitalismus: Die Pflegerinnen schmusten ausgiebig mit den hübschen Kindern wie Gloria-Viktoria, dem Kind einer Opernsängerin. Die anderen Kinder wurden nicht einmal zum Füttern hochgenommen und wimmerten jämmerlich in ihren Bettchen vor sich hin. Das hat mich damals alles sehr bekümmert – Gloria-Viktoria starb später an Lungenentzündung, die sie sich im Luftschutzkeller geholt hatte.

Noch etwas hat mich darin bestärkt, Hebamme zu werden: In dem Heim, das auch für ledige Schwangere und deren unehelichen Kinder war, gab es oft Fliegeralarm. Wir trafen uns dann mit den Schwangeren im Keller. Wenn in diesen Stunden eine von ihnen Wehen bekam, stand sie in ihrem grauen Hauskittel in einer Ecke und krümmte sich und jammerte. Diese gespenstische Situation sehe ich noch heute vor mir. Wie gerne hätte ich den Frauen damals geholfen, wenn ich gewußt hätte wie. Erst wenn der Alarm vorbei war, wurde die werdende Mutter schnell in die Frauenklinik der Lindenburg gebracht, wo sie dann entband.

Der Kreißsaal der Frauenklinik Bochum hatte 1950, als ich dort lernte, fünf bis sechs Kreißbetten nebeneinander. Sie waren nur durch spanische Wände voneinander getrennt. Die Kreißenden lagen auf dem Rücken und sahen immer eine Uhr von der Größe einer Bahnhofsuhr vor sich, die jede Sekunde tickte. Schon wenn die Frauen vier bis fünf Wehen in der Stunde hatten, wurden sie »gelagert« – man kann sich vorstellen, wie lange sie zum Teil dort gelegen haben! Wenn eine Hebammenschülerin neben ihnen saß, durften sie sich auch einmal auf die Seite legen. Auch diese bedrückende Situation war für mich eine sehr prägende Erfahrung.

Ebenfalls wichtig für meine Entscheidung und sehr schlimm für mich war, daß meine Mutter – wir wohnten damals in Alsfeld/Oberhessen in der Diaspora – eine Geburt aus Querlage hatte, bei der dann der kleine Junge starb. Mein Bruder wurde, da er tot geboren war, nicht getauft und in der Ecke des Friedhofs abseits der anderen Kinder beerdigt. Mich hat das damals, ich war vier, immer stark bekümmert, wenn ich mit meiner Mutter und meiner Schwester das Grab besuchte. Für meine Kindheit war das schrecklich, daß dieses Kind ungetauft gestorben und dann einfach so beerdigt wurde.

Wenn meine Schwester Maria – sie hat fünf Mädchen – schwanger war, sagte meine Mutter: »Ach ich hab' mir gar nicht viel Sorgen gemacht für die Geburten, und es ist nie was passiert, ich war nie beim Doktor.« Stimmt ja nicht, daß nie etwas passiert war, denn dieser kleine Bruder wurde ja tot geboren. Aber scheinbar verdrängte sie das. Wäre die Querlage rechtzeitig erkannt worden, hätte mein Bruder mit dem Gedoppelten Handgriff der schlesischen Hebamme Justine Siegemundin sehr wahrscheinlich überlebt. Dabei greift die Hebamme auf eine bestimmte Weise in die Gebärmutter, schlingt ein Bändchen um den Fuß des Kindes und dreht das Kind.

Meine Mutter verdrängte die Totgeburt, sie war genau wie Onkel Hein, ein Freund des Hauses, er wohnte in Köln in der Straße Unter Krahnenbäumen und hatte 15 Geschwister. Er hat einmal erzählt, daß sie als Kinder immer neben den Rheinschiffen hergeschwommen wären. Und als ich ihn fragte, ob das nicht gefährlich gewesen und nichts passiert wäre, antwortete er mit Nein. Ein Bruder ist dabei ertrunken! Aber auch er hatte das vergessen.

»Sie können noch!«

Im Arbeitsdienst in Simmern im Hunsrück, zu dem ich nach dem Abitur eingezogen wurde, verheimlichte ich meine Schwangerschaft. Ich machte alles mit und war auch guter Dinge. Vier Wochen vor der Geburt begann meine ältere Schwester etwas zu ahnen und wurde tätig: Sie fand einen Platz bei Ordensschwestern, wo ich das Kind bekommen sollte.

Dann fand ich jedoch auch Unterstützung in meiner Familie. In den vier Wochen vor der Geburt, in denen ich zu Hause war, ging meine Mutter jeden Tag um 23 Uhr mit mir spazieren – so spät, weil die Nachbarn es nicht vorher wissen sollten, daß ich ein Kind bekomme. Für die Geburt hatten wir das Caritas-Entbindungsheim Haus Maria-Elisabeth in Montabaur ausgesucht, da man damals nicht im Krankenhaus entbinden konnte, wenn keine Komplikationen zu erwarten waren. Zu Hause im Bahnhof sollte ich nicht entbinden, da immer wieder für kurze Zeit Munitionszüge hielten, so daß es dort zu gefährlich für mich war. Nach Montabaur kam man mit dem Bus nur zwei Mal in der Woche, deswegen mußten wir über Limburg mit der Bahn fahren.

Einen Tag vor dem errechneten Termin, den ich genau kannte, denn ich war ja nur zwei Tage in Berlin gewesen, fuhren meine Mutter und ich um fünf Uhr morgens los. Ich erinnere mich, daß ich an diesem Morgen mit Kreuzschmerzen aufgewacht war, die ich so nicht kannte. Im Zug hatte ich die ersten Wehen und in Limburg, wo wir umsteigen mußten, fragte meine Mutter mich, ob wir nicht dort bleiben sollten. Ich wollte nicht und kaufte mir den ersten Füller meines Lebens, ehe wir weiterfuhren. Der Zug nach Montabaur war überfüllt, aber ich fand doch noch einen Sitzplatz in einer Ecke. Immer wenn eine Wehe kam, und sie kamen jetzt schon stärker und häufig, hielt ich mir eine Zeitung vors Gesicht und schnitt dahinter Grimassen. Schlimm war die Situation vor allem für meine Mutter, besonders als der Zug eine Stunde auf offener Strecke wegen Fliegeralarms stehenblieb.

Als wir am Haus Maria-Elisabeth ankamen, war niemand froher als sie. Die Hebamme sagte um elf Uhr zu ihr, sie solle etwas essen gehen, es sei schließlich das erste Kind. Als meine Mutter dann um zwei Uhr mittags wiederkam, war Ingrid schon eine Viertelstunde alt.

Man hatte mich in ein Kreißzimmer geführt, dort saß ich dann im Schneidersitz auf dem Bett. Ab und zu guckte jemand rein und fragte, wie es mir ging. Wenn ich keine Wehe hatte, ging es mir gut. Gegen 13.30 Uhr kam die Hebamme Schwester Annemie und begann wortlos, Instrumente von der Geburt, die in der Nacht stattgefunden hatte, zu säubern. Ich erinnere mich, daß ich ein paar Mal geäußert hatte, ich könne nicht mehr, worauf die Hebamme, ohne sich herumzudrehen, sagte: »Sie können noch!«

Dann untersuchte sie mich doch das erste und einzige Mal, lief zur Tür und drückte auf einen Knopf. Eine andere Schwester stürzte herein und hielt meine Beine fest und ich erlebte mit einer Preßwehe die Geburt meines Kindes – orgiastisch! Noch Monate danach versuchte ich mir jeden Mittwoch um viertel vor zwei dieses unbeschreiblich schöne Gefühl wieder zurückzurufen. Ein kleiner Fisch war aus mir herausgeschlüpft. Er hatte Hände, Füße und schwarze Haare und war mir dann von den beiden Geburtshelferinnen gezeigt worden, die mich fragten, ob der Vater auch so viele schwarze Haare hätte.

Trotzdem wurde meiner Mutter Tage später, als sie mich besuchte, ein anderes Kind präsentiert. Sie merkte aber den Irrtum sofort an den Haaren. Wir waren froh, daß Ingrid das einzige Mädchen unter fünf Jungen war. Sie wurde mit der Schar noch in dem Heim auf den Namen Ingrid Therese getauft.

In der Nacht nach der Geburt lag ich allein in einem vollkommen verdunkelten Zimmer, wie in einem Sarg. Im Bahnhof hatten wir nicht verdunkelt, sondern abends einfach die Glühbirnen locker geschraubt. Natürlich fühlte ich mich zerschlagen von der Geburt, dazu kamen mir Gedanken, ob ich den Vater meines Kindes noch einmal wiedersehen würde und wie es weitergehen sollte. Die Nacht ging nicht vorbei, man ließ mich aufgrund der Geburt »extra lange« schlafen. Keine Nacht habe ich je mehr als so endlos lang und schrecklich empfunden und so sorgenvoll verbracht wie diese. Ich war gerade zehn Tage 19 Jahre alt.

Als ich mit meiner Tochter nach Hause kam, hatten meine Geschwister viel Freude an ihrer Nichte. Sie war fünf Monate alt, als Heinz Urlaub bekam und sie zum ersten Mal sah. Viele schöne Monate hat er versäumt!

Nie haben meine Eltern ein Wort des Vorwurfs über die frühe Schwangerschaft verloren, obwohl mein Vater es sicher gern gesehen hätte, wenn ich studiert hätte.

Schwere Jahre der Ausbildung

Im Frühjahr 1950, ich war bereits 29 Jahre alt, begann ich meine Ausbildung zur Hebamme in der Landesfrauenklinik und Hebammenschule in Bochum. In dieser Zeit wurde einmal ein Kind mit einem sechsten Finger seitlich an der Hand geboren. Er war richtig gut ausgebildet und hatte einen Fingernagel. Der überzählige Finger wurde abgebunden, und ich holte mir ein Gläschen mit Alkohol und tat ihn hinein. Mich überraschte, daß viele meiner Mitschülerinnen sich darüber mokierten. Ich sammelte solche Absurditäten nicht, aber mir gefiel der Finger mit dem Nagel nun einmal so sehr.

Jede Hebammenschule hat zu Lehrzwecken eine Sammlung von zusammengewachsenen Zwillingen oder lehrreichen Organfehlbildungen. In diese Sammlung ging ich öfter, weil mich das alles sehr interessierte, andere Schülerinnen gingen nie hinein.

Das Hebammenlehrbuch, das uns damals zur Verfügung stand, war immer noch das von den Nazis herausgegebene Buch mit den einschlägigen Kapiteln über Rassenkunde. Die Abbildungen darin waren scheußlich. So etwas stieß mich ab.

Sehr schöne, lebensnahe Zeichnungen waren in dem medizinischen Lehrbuch von Jaschke zu sehen. Sie waren plastisch und anrührend zugleich. Ich hatte dieses Buch einem verwandten Arzt für 100 Mark abgekauft, was für mich damals sehr viel Geld war. Ich habe dann einzelne Seiten »geplündert« und für Unterrichtszwecke in Schulen verwendet. Die Bilder von geburtsreifen Kindern im Uterus habe ich in der Volksschule in der achten Klasse gezeigt. Auch Bilder von zu früh geborenen Säuglingen, die klein und ohne Fettpolster waren, haben die Schüler gesehen. Ich wollte damit erreichen und habe hoffentlich auch erreicht, daß die Jugendlichen nicht anfingen zu rauchen. Sie sollten sehen, daß die Kinder so klein und mickrig waren, weil ihre Mütter geraucht hatten. Die Gefäße waren verengt und deshalb hatten die Kinder in der Frühschwangerschaft schon Mangel erlitten und wurden zu früh geboren. Ich glaube, daß den Schülern mit diesen anschaulichen Bildern mehr geholfen war als mit langen Vorträgen zum Thema Rauchen.

Während der Ausbildung zur Hebamme wohnten Heinz, Ingrid und ich in Iserlohn im Sauerland. In den anderthalb Jahren hatten wir Hebammenschülerinnen lediglich 14 Tage Urlaub und durften nur alle vier Wochen am Wochenende nach Hause fahren. Das war besonders hart für all diejenigen, die schon eine Familie hatten, so wie ich. Die meisten Schülerinnen waren Kriegerwitwen. Sie wollten einen Beruf erlernen, um ihren Lebensunterhalt zu sichern.

Selbst wenn wir schon 16 Stunden auf den Beinen gewesen waren, wurden wir noch nachts in den Kreißsaal gerufen, wenn sich etwas Außergewöhnliches ereignete. Der Nachtdienst mußte selbstverständlich am nächsten Tag an den Vorlesungen am Vormittag teilnehmen. Wir mußten viel einstecken und gaben trotzdem nicht auf. Die harte Ausbildung befähigte uns auch später, Geburten in der freien Praxis zu leiten.

Die Schikanen einzelner Hebammen aus der Frauenklinik standen auf einem anderen Blatt. Wenn wir zum Beispiel zehn Minuten nach der festgesetzten Rückkehrzeit 22 Uhr in die Klinik hätten zurückkommen dürfen, hätten wir zum Teil am Sonntag zwei Stunden länger zu Hause bleiben können, weil

Bis in die sechziger Jahre fanden im Hörsaal der alten Frauenklinik in der Kerpener Straße die Versammlungen des Kölner Hebammenvereins statt.

dann für uns die Verkehrsverbindungen günstiger gewesen wären. Das erlaubten diese Hebammen nur hin und wieder gnädig. Für mich hatte besonders eine von ihnen BDM-Führerinnen-Manieren, und ich haßte sie deswegen.

Die beiden Oberhebammen hatte der Professor aus Berlin mitgebracht und ihre Launen waren manchmal unerträglich. Manchmal waren sie betont freundlich, dann wieder lehnten sie unsere Bitten kategorisch ab. Durch unseren Nachkurs kam es dann heraus: Sie waren morphiumsüchtig. Ich habe später noch andere Morphiumsüchtige erlebt und diverse Erfahrungen in dieser Hinsicht gemacht.

Einmal sagte Schwester Annemarie, eine der beiden Oberhebammen, von einer bestimmten Wäschetruhe, sie wäre ein »locus sanctus« und fragte uns, was das sei. Ich war die Einzige, die etwas Latein konnte und wußte, daß das »heiliger Ort« hieß. Durch dieses Wissen konnte ich Eindruck auf die Oberhebammen machen und mir einen gewissen Respekt verschaffen. So wurde ich schließlich Fürsprecherin und Anklägerin für meine Kameradinnen, und nur meiner angeblichen Verwandtschaft mit Kardinal Frings von Köln hatte ich es zu verdanken, daß ich nicht gefeuert wurde.

Damals rief der Kardinal von den Kanzel dazu auf, zusammen mit ihm die Jugendarbeitslosigkeit zu bekämpfen. Ich hatte eine Idee und schrieb ihm dazu einen Brief. Mein Vorschlag war, Schürzen herzustellen, die besonders sparsam geschnitten und beidseitig zu tragen waren, mit großen Taschen für die Pflegeutensilien der Neugeborenen. Die Herstellung dieser Schürzen würde sicherlich heute noch einige Arbeitsplätze schaffen. Damit hätte jemand, der in einer zweigeschossigen Wohnung lebt, die Pflegesachen für die Kinder immer dort, wo sie gerade benötigt werden. Ich bekam prompt Antwort – in einem blauen großen, länglichen Kuvert mit dem erzbischöflichen Wappen, auf dem stand »Für die Menschen bestellt«. Kardinal Frings teilte mir darin die Adresse der Firma in Neuss mit, an die ich mich wenden konnte. Wir Schülerinnen aßen gerade, als der Brief kam, mit einer der Hebammen im Keller zu Mittag, die dabei die Post verteilte. So kam es, daß man mich für eine Nichte oder Verwandte von Kardinal Frings hielt, denn aus meinen Unterlagen war bekannt, daß ich eine geborene Frings bin. Ich habe das weder bestätigt noch dementiert.

Bei den ausbildenden Hebammen wurde ich zunehmend unbeliebter. In den ersten Wochen der Ausbildung waren wir gewogen und gemessen worden und schon fünf Wochen später hatten wir alle abgenommen und zwar nicht unerheblich. Die Gewerkschaft monierte das und fragte uns, woher das käme. Ich sagte, sie sollten den Weg von der Kinder- zur Wochenstation, also von der Alexandrienstr. 19 bis zur Alexandrienstraße 1, fünf Mal am Tag mit fünf oder sechs Kindern – also ungefähr dreißig Mal – im Eiltempo zurücklegen, dann würden sie auch vom Fleisch fallen. Manchmal halfen wir uns, indem wir zwei Kinder auf den Armen über den Flur trugen, aber das war verboten und wir hatten Angst, dabei erwischt zu werden. Von Seiten der Gewerkschaft kam die Frage, wie die Situation zu ändern sei. Ganz einfach, antwortete ich, mit Handwagen, in die mehrere Kinder hineinpaßten.

Es gab noch einen anderen Grund für unser Abmagern: Wir mußten die nasse, schwere Blutwäsche von den Geburten, die grob ausgespült war, in großen Körben vom Kreißsaal zum Waschraum im Garten transportieren. Wenn keine der ausbildenden Hebammen, die einen Aufzugschlüssel hatte, bereit war, uns den Aufzug aufzuschließen, mußten wir die Wäschekörbe die Treppen aus dem zweiten Stock hinunter bis ins Erdgeschoß und von dort noch einen ziemlichen Weg bis in den Garten zum Waschhaus schleppen. Auch dort hätte ein tiefer Wagen mit großen Rollen geholfen. Beide Wagen kamen in unserer Examenswoche – fast anderthalb Jahre später. Ich will es heute gar nicht mehr glauben, stimmt das wirklich?

Durch die Turnschuhe mit den dünnen Sohlen, die wir bei der Arbeit trugen, um flink zu sein, hatten wir ständig kalte Füße und eine entzündete Blase, was dem Gesundheitszustand auch sehr abträglich war. Damals gab es noch nicht diese »Einlaufschuhe« von Adidas mit den dicken Sohlen, die mein Mann mir später immer besorgt hat und die vor der Kälte der Steinfußböden schützten.

Nach dem zweiten Stillen standen für uns bei den Wöchnerinnen Einläufe auf dem Plan. Die Frauen lagen damals nach den Geburten acht Tage im Bett. Die Zimmer hatten je sechs Betten und manchmal waren fünf Einläufe gleichzeitig zu machen. Wenn wir dann die Bettpfannen leerten und sie unter starkem Wasserstrahl reinigten, gaben unsere schwachen Blasen häufig nach.

Es gab in dieser Zeit noch Lebensmittelkarten, und wenn ich hungrig war, kaufte ich mir Schmelzkäseecken, von denen man jedoch auch nicht satt wurde.

Zu Hause versorgte mein Mann unsere zehnjährige Tochter von der Arbeitslosenunterstützung und gab mir davon auch noch 50 Mark Schulgeld. Ich hatte außerdem ein wenig gespart, weil ich vor der Ausbildung immer in der Nacht von Sonntag auf Montag bei Lotto gearbeitet hatte und manchmal auch noch von Montag auf Dienstag bei der Auswertung der Lottozettel. Jede Stunde hatten wir dort zehn Minuten Pause und wir bekamen in der Nacht 1,50 Mark pro Stunde.

Ein halbes Jahr vor meinem Examen bekam mein Mann eine Lungen-Tbc. Da wurde mir das Schulgeld erlassen. Unsere Pläne, nach Kanada oder Peru auszuwandern, zerschlugen sich damit.

Unser aufmüpfiger Kurs hatte keine Examensfeier. Das traf uns jedoch nicht sehr, wir wollten alle so schnell wie möglich zurück zu unseren Familien und in unserem Beruf arbeiten.

Im Anschluß an das Examen war noch ein halbjähriges Praktikum zu absolvieren. Das war damals nur in Nordrhein-

Westfalen nötig und wurde später wieder abgeschafft. Ich wurde ins Marienhospital in Hagen vermittelt. Ich weiß nur, daß ich im ersten Monat 49 Geburten leitete, einmal machte ich ganz alleine fünf in einer Nacht: Ich war zu stolz, Schwester Gertrud Dommel, die meine Altschülerin in Bochum gewesen war und mit der ich mir die Arbeit teilte, zu wecken, obwohl sie es mir angeboten hatte, wenn ich nicht zurechtkäme.

Die dreißig Mark, die ich pro Monat im Praktikum bekam, waren nach dem Lottojob mein erstes selbst verdientes Geld. Schwester Gertrud bekam als erste Hebamme – wir waren nur zu zweit – 150 Mark und das Essen aus der ersten Klasse. Alle schielten danach, daß sie noch etwas übrig ließ: die Kinderschwestern, Putzhilfen, alle, die in der Wochenstation tätig waren.

Erste Erfahrungen als freie Hebamme

Nach der Ausbildung lief meine erste freie Praxis in Paderborn im Januar 1953 langsam an. Ich hatte gerade eine Eileiterfehlgeburt gut überstanden.

Eine der angemeldeten Frauen aus Paderborn erzählte mir, bei keinem ihrer fünf Kinder sei die Hebamme rechtzeitig gekommen. »Ich komme rechtzeitig, wenn Sie mich rechtzeitig rufen«, sagte ich ihr darauf zu. Meine Mutter reiste an. Nach vier Wochen, in der Nacht, bevor meine Mutter wieder fahren mußte, ging endlich die Haustürklingel. Herr K. stand vor der Tür. Wir schoben das Rad mit dem Koffer die kurze Strecke bis zur Wohnung der Familie und ich fragte den Mann: »Seit wann hat Ihre Frau Wehen, und wie oft kommen sie?« »Das Kind ist schon da«, sagte er. »Ich wurde wach, als es schrie.« Sie habe die Wehen für Nierenschmerzen gehalten, sagte die Mutter. »Nierenschmerzen? Sie war doch über den Termin ...!«

Eine andere Paderbornerin ging damals mit ihrer Schwangerschaft regelrecht hausieren. Sie zog immer, wenn sie schwanger war, über Land und klapperte Klöster und Pfarrhäuser ab. Sie wurde dann reichlich mit Lebensmitteln versorgt. Meist waren die Gaben mit der Bitte verbunden, endlich zu Hause zu bleiben. Oft wurde ihr auch das Angebot gemacht, ihr etwas zu schicken, wenn sie der Bitte nachkäme. Sie versprach es, hielt aber nicht Wort, sondern ging in eine andere Gegend. Das erzählte sie mir, weil mir die Augen übergingen, als ich mich einmal bei einer Wochenbettpflege in ihre

Speisekammer verirrte. Sie erzählte mir auch, wie sie von ihren Spritz- oder besser Hamstertouren wieder nach Hause gekommen war. Sie hatte sich an die Straße gestellt, sich den Bauch gehalten und Wehen gemimt. Wenn ein Auto anhielt, ließ sie sich zur Frauenklinik fahren, betrat die Klinik und verließ sie flugs wieder durch den Hintereingang.

Mehrere Male rief sie mich zur Geburt wegen gesprungener Blase. Es stimmte aber nie. Sie wollte mich stets dazu bringen, ihr eine wehenfördernde Spritze zu geben, wozu sie mich aber nicht bewegen konnte. Als sie mich einmal rief, glaubte ich, es sei höchste Zeit für mich. Ich hörte nämlich schon am Eingang der Umzäunung des Barackenlagers Laute, die darauf schließen ließen. Als ich den Raum, in dem sich die Schwangere befand, betrat, bot sich mir ein seltsames Bild. Der Arzt hatte die vermeintlich Kreißende auf dem Schoß und forderte sie immer wieder zum Pressen auf, was sie mit lautem Gestöhne, unterbrochen von Angstschreien, tat. Mein Kommen wurde gar nicht wahrgenommen. Eine Dreiviertelstunde später ging der Arzt. Die Frau blieb unentbunden zurück. Ich untersuchte sie. Der Muttermund war geschlossen und mit den Wehen war es auch nicht weit her.

Endlich kündigte sich auch dieses Kind an. Die Frau hatte wieder nur leichte Wehen, ich ließ mich aber nicht zu einer Spritze hinreißen. Dann sagte sie mir, daß sie mich nur schlecht höre, meine Stimme sei so weit weg, es dröhne so in ihrem Kopf. Da wußte ich, daß sie Chinin geschluckt hatte. Ich sagte ihr dies auf den Kopf zu und lehnte ab, sie weiter zu betreuen, statt dessen fuhr ich mit ihr in die Klinik. Vier Stunden später, ich kam gerade von meinen Wochenbesuchen zurück, rief sie an, sie sei wieder zu Hause, und ich sollte zur Pflege kommen. Sie hatte endlich geboren.

Es dat en Wittfrau?

Bei einem Wochenbettbesuch hörte ich einmal, wie der Großvater aus der Eifel seine Tochter leise fragte: »Es dat en Wittfrau?« Ich war keine Wittfrau und hatte es verglichen mit anderen Hebammen gut, die alleinstehend waren. Früher war es üblich, daß die Gemeinden Witwen und alleinstehenden Frauen eine Ausbildung zur Hebamme bezahlten, damit diese Frauen den Gemeinden nicht finanziell zur Last fallen konnten.

1960 mußte ich auf die Niederlassungsgenehmigung für Köln warten. Das war für mich jedoch nicht existentiell bedrohlich, da mein Mann ja als Cheftrainer beim ASV und Sportlehrer in Dienst und Brot stand und ich auf diese Weise finanziell abgesichert war.

Ich bekam in dieser Zeit immer öfter Anrufe von Frauen, die gerne meine Dienste als Hebamme in Anspruch genommen hätten. Das war jedoch nicht möglich, da ich keine Niederlassungserlaubnis besaß. Ich war unmittelbar, nachdem wir nach Köln gezogen waren, bereits ins Branchenbuch der Stadt geraten, weil ich zu meiner Telefonnummer als Beruf Hebamme angegeben hatte.

Im Branchenbuch standen noch weitere 16 Hebammen. Eines Sonntags fuhr ich deren Adressen einmal ab. Siehe da: Fast die Hälfte der Hebammen, die im Branchenbuch standen, waren nicht mehr tätig. Etliche waren zu ihren Kindern nach auswärts gezogen. Nur ein heller Fleck auf der Hauswand, wo sie gewohnt hatten, zeigte an, daß dort einmal ein

Hebammenschild gehangen hatte. Auf meine Nachfrage beim Gesundheitsamt, ob es nicht doch möglich sei, für Köln eine Niederlassungserlaubnis zu bekommen, erhielt ich trotzdem eine negative Antwort, da man weiterhin der Auffassung war, es gäbe genug Hebammen in Köln.

Ich hatte schließlich Glück. In Köln-Nippes hörte eine Kollegin, Frau Spohr, acht Monate nach der Geburt ihres zweiten Kindes auf. So kam ich über Nacht zu einer Niederlassungserlaubnis. Gleich im ersten Monat, im Dezember 1960, hatte ich drei Geburten und eine Scheinschwangerschaft.

Um meinen FIAT 500 weiter finanzieren zu können, hatte ich in der Zwischenzeit einen Fließbandjob angenommen. Das hieß, abends vier Stunden lang Zeitschriften verpacken, die frisch aus der Presse kamen. Ich hatte diesen Job auch gewählt, weil ich die Arbeitsbedingungen von Frauen kennenlernen wollte, vor allem die von schwangeren Frauen. Da lag vieles im Argen. So gab es zum Beispiel für sie keine Ruhemöglichkeiten – wie es eigentlich vorgeschrieben war. Als ich den Job kündigte, meinte der Meister: »Bleiben Sie doch hier. Hier haben Sie was Sicheres.«

Nach diesem kurzen Ausflug ins abhängige Arbeitsleben bin ich immer freiberuflich tätig gewesen – darauf bin ich heute noch stolz. Mein Mann war als Trainer unter der Woche bis abends spät auf dem schönen, baumumstandenen Sportplatz an der Aachener Straße in Köln-Müngersdorf, auf dem heute die Hochhäuser der Sporthochschule stehen. Und auch am Wochenende war er nie zu Hause. Wenn der Verein Sportreisen, zum Beispiel nach Skandinavien, unternahm, sagte er scherzhaft zu mir: »Man nimmt kein Bier mit nach Dortmund.« Ich war also viel alleine.

Trotzdem war das damals für mich eine sehr schöne Zeit. Ich durfte arbeiten, mußte es aber nicht. Wenn einmal eine

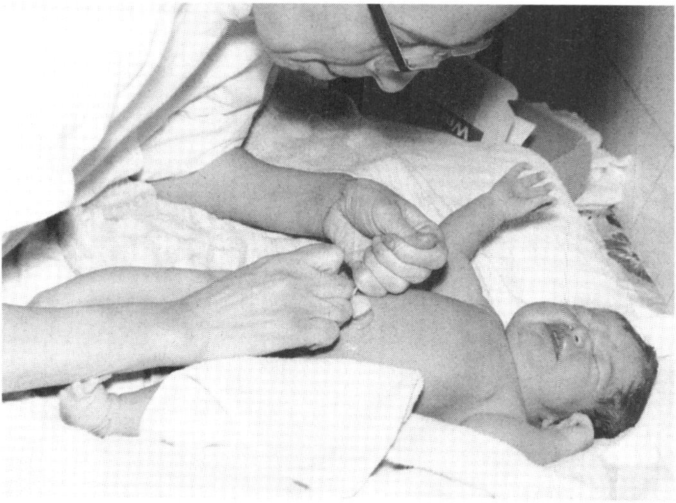

Als es noch keine Nabelklemmen gab, wurde die Nabelschnur mit einer sterilen Kompresse abgebunden. Es gab eine von der Kasse bezahlte Wochenbettpackung mit steriler hochwertiger Watte.

Kollegin in Köln verhindert war, übernahm ich die Geburt oder Wochenpflege für sie. Wenn sie vielleicht nach zwei Stunden wieder abkömmlich war, trat ich ebenso gern zurück. So stand es doch in unserer Berufsordnung, die ich in Westfalen unterschrieben hatte: sich gegenseitig zu vertreten und, wenn der Grund für die Verhinderung entfiel, die Vertretung wieder abzugeben. Die Kölner Hebammen brauchten also nicht zu fürchten, daß ich ihnen ihre Frauen wegnahm. Immer mehr Hebammen fuhren auch einmal in Urlaub, fast möchte ich sagen, daß ich den Hebammen in Köln den Urlaub durch meine Vertretungsbereitschaft oft erst ermöglichte.

Die monatlichen Versammlungen des Kölner Hebammenvereins in der alten Kölner Frauenklinik in der Kerpener

Straße, der heutigen Zahnklinik, waren in den sechziger Jahren Pflicht und immer gut besucht. Ich kann mich noch gut daran erinnern, wie ich die ausgetretenen Stufen zum Hörsaal hochgestiegen bin. Jede Versammlung begann mittwochs um 14 Uhr mit dem Vortrag eines Arztes der Frauenklinik oder des Gesundheitsamts. Wir merkten den Vortragenden den Respekt vor unserem Berufsstand an und auch, wie sehr ihnen Ausbildung und Ergehen der Hebammen am Herzen lag. Danach tauschten wir Hebammen unsere Erlebnisse aus. Immer öfter zeigte ich nach den Versammlungen Dias von unseren Familienurlauben in Finnland, und die Kolleginnen, vor allem die alten, waren dankbar dafür. Ich hörte begierig ihren Erzählungen von früher zu. Wie hatten sie es neben dem Beruf geschafft, noch einer großen Familie gerecht zu werden? Frau Franziska Zerlett aus Köln-Longerich etwa hatte elf Kinder und einen kranken Mann. Ich habe auf diese Weise auch manchen heißen Tip von meinen alten Kolleginnen bekommen. Eine meiner Kolleginnen empfahl mir z. B. ein aufblasbares Gummibecken: eine Riesenwärmflasche, um die Gebärende darauf zu lagern. Die Frauen empfanden das als sehr wohltuend.

Geburtengeschichte der Marianne A.

Das erste Kind der Marianne A., Sandra, wurde im Januar 1977 geboren. Die Mutter war 17 Jahre alt und lag zwei Wochen vor der Geburt wegen vorzeitiger Wehen im Krankenhaus Bergisch Gladbach. Das Kind kam ohne Blasensprung »gleich mit Preßwehen«, erzählte sie, fünf Wochen zu früh auf die Welt. Es wog 2330 Gramm.

Im Februar 1978 wurde Boris geboren. Er kam sechs Wochen zu früh und wog 1910 Gramm. Da er eine Schilddrüsenunterfunktion hatte, blieb er fast sechs Wochen im Krankenhaus Köln-Kalk, wo die Mutter schon zwei Wochen vorher wegen vorzeitiger Wehen gelegen hatte.

Im März 1981 wurde Alexander geboren. Er kam nur 17 Tage zu früh und wog 2550 Gramm. Er war eine Hausgeburt. Aufgrund seines geringen Gewichts kam er einen Tag zur Beobachtung ins Krankenhaus.

Im Oktober 1982 wurde Marco, ebenfalls zu Hause, geboren. Er kam fünf Wochen zu früh, wog aber immerhin schon 2230 Gramm.

Im Juli 1984 kam Laura zur Welt. Sie kam von mir begleitet sechs Wochen zu früh im Kölner Heilig-Geist-Krankenhaus zur Welt. Sie wog 2100 Gramm und konnte gleich mit uns nach Hause, weil ich die Pflege übernahm.

Im November 1986 wurde Jessica geboren. Sie kam nur drei Wochen zu früh, wahrscheinlich, weil ich die Mutter wegen Muttermundschwäche wochenlang auf einem Keil gelagert hatte – mein erster Erfolg mit dieser Methode. Durch die Hochlagerung des mütterlichen Beckens wurde der Druck auf den Muttermund, der schon Wochen vorher klaffte, gemindert. Jessica wog 2740 Gramm.

Drei Jahre später im Dezember 1989 wurde Patrick geboren, drei Wochen vor der Zeit. Auch bei dieser Schwangerschaft hatte ich Frau A. auf einen Keil gelagert. Als eine Nachbarin einmal abends bei Frau A. vorbeischaute und ihr den Keil »ausredete«, kam es in der Nacht noch zur Geburt. Patrick wog 2550 Gramm und war nur einen Tag zur Beobachtung im Krankenhaus.

Zwei Jahre später, im November 1991, erblickte Peter das Licht der Welt. Er wurde acht Wochen vor der Zeit nach vorzeitigem Blasensprung, durch Kaiserschnitt im Krankenhaus Köln-Holweide geboren. Er wog 2050 Gramm.

Im März 1993 wurde Tom elf Wochen vor der Zeit nach Blasensprung wieder durch Kaiserschnitt in Holweide geboren. Er war der Leichteste der Kinder, wog 1330 Gramm und war fast vier Wochen im Krankenhaus, ehe ihn Frau A. auf eigene Verantwortung nach Hause holte.

Am 6. Februar 1995 um drei Uhr in der Nacht ging das Telefon. Ich leistete schon seit drei Jahren keine Geburtshilfe mehr. Frau A. war am Apparat: »Ich kriege wieder ein Kind, aber gehe nur ins Krankenhaus, wenn Sie mitgehen.« Ich versprach es ihr. Zwei Tage später rief sie erneut an: »Ich bin im Krankenhaus. Kommen Sie bitte.« Neun Wochen vor der Zeit wollte man, obwohl die Hand des Kindes aus dem Muttermund winkte – das Kind war sehr klein –, eine Spontangeburt anstreben. Ich saß neben Frau A. und wagte zaghaft die Frage: »Wie war Ihnen zu Mute, als der Arzt sagte, daß Sie Ihr zehntes Kind bekommen?« Sie sagte: »Ich war erschrocken. Aber zehn Minuten später schon habe ich mich gefreut.«

Es wurde dann doch ein Kaiserschnitt. Noch in der gleichen Nacht mußte man Frau A. die Gebärmutter entfernen, da sie nach der ersten Operation stark zu bluten angefangen hatte.

Das Kind, nach ihr Marianne genannt, wog 2300 Gramm. Frau A. lag eine Woche auf der Intensivstation im Krankenhaus Köln-Holweide. Als sie auf die normale Station verlegt werden sollte, ging sie schnurstracks nach Hause. Ich besuchte sie jeden Tag und gab ihr die Spritze gegen Thrombose. Am sechsten Tag klagte sie über Bauchschmerzen. Ich rief im Krankenhaus an. Man sagte dort, sie solle zum Hausarzt gehen, sie hätte das Krankenhaus ja auf eigene Verantwortung verlassen. Ich rief Prof. Wolff, den Chef der Geburtshilfe Köln-Holweide, an, der sagte, ich solle sofort mit ihr kommen. Eine halbe Stunde später war Frau A. schon wieder operiert. Ileus – Darmverschluß – war die Diagnose, wir waren gerade noch rechtzeitig gekommen. Wieder Intensivstation. Ich saß erneut täglich an ihrem Bett und gestehe, daß ich wenig Hoffnung hatte. Sie schaffte es, Gott sei Dank! Als sie verlegt werden sollte … ging sie wieder einfach nach Hause.

Ich bemühte mich für die Familie um ein Haus. Die Stadt bot ihnen eines mit Blick auf einen Friedhof an. Da wollte man aber nicht hin.

Pfingsten 1999 saß ich mit der Familie im Garten in Köln-Dellbrück und schrieb an deren Geburtsgeschichte. Alle Kinder leben und sind gesund.

Marianne, jetzt Shirin gerufen (ind. »Wasserfall«), war eine aufgeweckte, fröhliche Vierjährige. Der Vater hatte immer Arbeit und Boris und Alexander arbeiten mit ihm zusammen.

Sandra, die Älteste, ist verheiratet und ausgezogen, kommt aber noch gern nach Hause.

Eckstein

Dr. Merkl, der Frauenarzt beim Gesundheitsamt, hatte 1975 beim Sozialdezernenten Körner durchgesetzt, daß das Sozialamt unsere Gebühren übernahm, wenn eine Familie, bei der wir Geburtshilfe leisteten, nicht krankenversichert und bedürftig war. Allerdings mußten die betroffenen Familien mit dieser Bitte selbst an das Sozialamt herantreten, und dies taten längst nicht alle. Mich hat immer ein wenig geärgert, daß ein Bestattungsunternehmer fraglos sein Geld bekam, Hebammen aber oft leer ausgingen.

»Kommen Sie am Samstag, da bekommt mein Mann Geld.« Man bekam dann vielleicht auch einmal zehn Mark. Am darauf folgenden Samstag aber wurde einem nicht mehr geöffnet. Wir erhielten damals in den fünfziger Jahren eigentlich 32 Mark, später 56 Mark für die Geburt und Wochenpflege.

Es war ansonsten zu dieser Zeit in Köln durchaus üblich, daß die Hebamme von der Familie einen Vorschuß verlangte, ehe sie tätig wurde. Die »Anzahlung« verstoße gegen die guten Sitten, erklärte jedoch Dr. Merkl, als die Angelegenheit einmal in einer Versammlung des Kölner Hebammenvereins zur Sprache kam. Ich konnte mich an die Anzahlung sowieso nicht gewöhnen. Auch nicht daran, daß die Kölner Hebammen von ihren Frauen als Kundinnen sprachen!

In unserer Dienstordnung steht: »Ungesäumt, Tag und Nacht, ohne Ansehen der Person Hilfe zu leisten.« So kam es bei Frau Plonka, einer von mir sehr geschätzten Kollegin, mit der ich mich vertrat und die genau wie ich im August 1922 geboren worden war, besonders oft vor, daß ihre Dienste nicht bezahlt wurden. Sie war von Köln-Riehl nach Köln-Neubrück gezogen und hatte die Stadtteile Vingst und Kalk vor ihrer Tür; Stadtteile, in denen viele unversicherte Familien in teilweise großer Armut wohnten. Von Frau Plonka weiß ich, daß sie bei der Geburt des dritten Kindes einer Familie Hilfe leistete, obwohl die Geburtshilfe bei den ersten beiden Geburten noch nicht bezahlt worden war. Sie war eben eine Vollbluthebamme.

Auch ich habe einmal bei einer Frau Hilfe geleistet und keinen Lohn dafür bekommen. Bei dem folgenden Kind meldeten sich die Leute bei Fräulein André, einer älteren Kollegin aus Köln-Longerich, an. Sie erzählte mir bei einer Versammlung des Kölner Hebammenvereins, daß sie die Frau gefragt habe, warum sie nicht wieder zu Frau Schlundt gegangen wäre. Die Frau sagte: »Zu Frau Schlundt sind wir nicht mehr gegangen, weil die bei der letzten Geburt eine Eckstein nach der anderen geraucht hat!« Fräulein André erzählte mir ganz empört: »Denen habe ich es aber gegeben, Sie rauchen doch nicht!« Bei der nächsten Hebammenversammlung im alten Hörsaal der alten Frauenklinik fragte ich Fräulein André, was die Familie mache, die erzählt hatte, daß ich eine Kettenraucherin wäre. Darauf Fräulein André erstaunt: »Rauchen Sie denn nicht, Frau Schlundt?« Ich war erschüttert und hatte eine Lektion fürs Leben gelernt: Irgend etwas bleibt immer hängen.

Ich habe nie geraucht, aber ich habe nie mit meinen rauchenden Müttern geschimpft. Etliche von ihnen konnte ich von diesem »Laster« abbringen oder wenigstens dazu bringen, daß sie ihren Zigarettenkonsum einschränkten. Ich wußte, daß manche von ihnen zwei oder drei Schachteln pro Tag konsumierten.

Als junge Hebamme, bei meiner ersten Niederlassung in Paderborn in den fünfziger Jahren, hatte ich viele Geburten in einer Barackensiedlung. Einmal wurde ich in der Nacht zu einer Frau gerufen, weil angeblich die Fruchtblase gesprungen war. Ich kam in ein rauchgeschwängertes Zimmer: Alle rauchten, die Schwangere selbst und auch ihre fünf Freundinnen, die ihr Gesellschaft leisteten. Ich erreichte, daß die Freundinnen hinausgingen und auch die Schwangere ihre Zigarette ausmachte. Ich konnte schnell feststellen, daß die Fruchtblase nicht gesprungen war, benachrichtigte aber trotzdem einen Arzt, dem man sicher eher Glauben schenken würde als mir jungen Hebamme. Der Arzt kam nach einer Stunde und die Freundinnen strömten erneut hinter ihm her in das Zimmer. Bevor noch der Arzt einen Befund erheben konnte, teilte er erst einmal an alle Zigaretten aus, an die fünf Frauen und auch an die Mutter. Nur ich bekam keine.

Geburt im Stehen

Im Jahr 1970 bestand einmal eine Frau, die bei mir ihr Kind zur Welt bringen wollte, darauf, im Stehen zu entbinden. Sie war aus München und trug ihren Wunsch sehr fordernd vor. Ich war dann heilfroh, daß sich die Angelegenheit erledigte, weil sie dann doch im Krankenhaus entbinden mußte. Immer, wenn ich mit dem Auto an dem Haus Ecke Florastraße/Niehler Straße in Köln-Nippes, an dem noch heute ein Kreuz steht, vorbeifuhr, erinnerte ich mich an sie und ihr seltenes Ansinnen. Wie konnte ich die Herztöne überwachen, wenn sie darauf bestand, nicht im Bett zu entbinden?

Im Kallscheuer Weg in Köln-Zollstock meldete sich einmal eine Zehnt-Gebärende an, die ihre letzten Kinder immer allein bekommen hatte, meistens in der Nacht. Die Nachbarn erzählten mir, daß die Frau so lange die Wehen unterdrückte, bis ihr Mann im Bett schlief, und dann das Kind alleine im Stehen zur Welt brachte.

Ich besuchte sie in der Schwangerschaft mehrmals und bat sie, doch daran zu denken, daß es auch einmal schlimm ausgehen könnte, für sie und das Kind. Sie versprach mir, sich an die Nachbarin zu wenden, wenn sie Wehen hätte, diese würde mich dann rufen.

In der Nacht der Geburt wurde ich von der Nachbarin angerufen und als ich in Zollstock ankam, öffnete sie mir die Tür. Als wir die Treppe raufgingen, sagte die Nachbarin: »Diesmal liegt sie im Bett, Sie kommen wohl früh genug.« Als wir ins

Zimmer kamen, stand die Gebärende mit hochrotem Kopf vor dem Bett. Ich sehe noch immer das saubere Zimmer vor mir, Tisch, Schrank und das Eisenbett, vor dem sie stand, darunter lag eine Puppe. »Frau Müller, schnell ins Bett«, rief ich und merkte im selben Moment, daß die Puppe ein Bein anzog und es wieder streckte. Dieses Kind war also auch wieder allein gekommen!

Ich schickte die Nachbarin zum Kinderarzt und war in großer Sorge wegen der Nachgeburt, denn die Nabelschnur war in der Gebärmutter abgerissen und kein Ende von ihr war zu sehen. Ich zog eine Wehenspritze auf und war sehr erleichtert, daß sich die Nachgeburt ablöste und auch geboren wurde. Der Arzt stellte keine Verletzungen bei dem Kind fest.

Nach 33 Jahren traf ich das Kind wieder, als Vater eines Neugeborenen, das ich dann pflegte. Bei der Pflege hatte ich zehn Tage Angst vor einem Pitbull, der der Familie gehörte. Wie würde er sich verhalten, wenn das Kind vielleicht schrie, während ich es pflegte, ihm den Popo wusch? Man versicherte mir zwar immer, daß er harmlos sei, aber man wird sicher verstehen, daß ich heilfroh war, als die Pflege vorbei war.

Heute wird das Gebären im Stehen wieder propagiert. Man behauptet, daß die Kinder auf diese Weise besser mit Sauerstoff versorgt würden. Mir ist jedoch die Vorstellung ganz arg, daß es im Stehen bei Tiefertreten des Kindes schneller zu einer festen Nabelschnurumschlingung kommen kann, was meiner Meinung nach beim Liegen auf der Seite nicht so schnell möglich ist.

Ich habe einmal ein Kind mit vierfacher Nabelschnurumschlingung gehabt. Die Frau beatmete das Kind gut, ich sang das Wehenlied dabei, es wurde lebensfrisch geboren. Ich habe dann die Großmutter, die bei der Geburt dabei war, gefragt: »Das kann doch nicht wahr sein, ich habe viermal die Nabelschnur abgewickelt.« Sie sagte: »Ja, das ist wirklich so gewesen, ich habe auch mitgezählt.«

Auch dieses Kind traf ich bei einer Taufe in Köln-Dellbrück wieder. Es erzählte, daß die Mutter immer wieder davon sprach, wie es bei der Geburt zugegangen war, und daß es trotz Nabelschnurumschlingung mit Apgar 10, der besten Benotung bei der Geburt, geboren worden war.

Auch der wissenschaftliche Beweis für eine Überlegenheit des Gebärens im aufrechten Sitzen steht noch aus. Meine Beobachtung: Der teuer angeschaffte hydraulische Gebärstuhl ist aus den Kreißsälen verschwunden, aber jetzt quälen sich die Frauen auf dem Hocker ab.

Alles ist für die Frau in der Geburtssituation gut, solange es zu ihr paßt, nur nicht das Liegen auf dem Rücken, wegen des Abdrückens der Vena Cava, einer Vene, die auch das Kind versorgt. Ich habe einmal nach einer Hausgeburt in der Nacht einen Besuch in einem Krankenhaus gemacht, weil ich wußte, daß eine Frau aus meinem Vorbereitungskurs dort war. Sie erzählte mir begeistert von ihrer Geburt. Dabei gab es für sie während der Eröffnung kein Bett. Sie hatte auf einer Liege mit hochgestelltem Kopfteil gelegen und sah im nächtlichen Fenster gespiegelt ihr Kind herauskommen. Sie sagte: »Mir kam das Lied ›Es ist ein Ros' entsprungen‹ in den Sinn.« Alles andere, was ich so schlimm fand, daß sie gar nicht ins Kreißbett gekommen war und im Vorraum ohne jede Intimität ihr Kind bekommen hatte, war für sie unwichtig gewesen.

»Ich habe dich bei deinem Namen gerufen …«

Heute früh las ich, daß die heilige Theresia von Lisieux zwei Brüder hatte, die als kleine Kinder starben und beide Joseph genannt worden waren. Und im Kölner Hauptbahnhof las ich auf einer Stellwand über berühmte Fälscher, daß Rembrandt seine erste Tochter Cornelia genannt hatte und, als diese starb, ein zweites Kind so nannte. Erst die dritte Cornelia überlebte.

Heute hat man mehr Gefühl dafür, daß man so etwas keinem Menschen antun darf, daß er nur Ersatz für einen Vorgänger ist. Jedes Kind verdient einen eigenen Namen.

An manchen Namen mußte ich mich erst gewöhnen: Da kamen auf einmal Namen auf wie Tobias und Jonas und Jonathan – für mich ganz fremd damals. Auch mit Moritz hatte ich Schwierigkeiten und dachte insgeheim: Wie kann man ein Kind so nennen. Heute kann ich meine Reaktion nicht mehr verstehen, es sind schöne, wohlklingende Namen.

Mein jüngstes Enkelkind heißt Katharina. Meine Mutter hieß Katharina und starb Anfang Juni 1975, die kleine Katharina wurde Ende Juni im gleichen Jahr geboren. Damals, 1975, war Katharina ein ganz seltener Name. In dem belgischen Dorf, wo meine Tochter mit Familie lebte, wurden wir gefragt: Wie kommt Ihr denn auf den Namen? Auch Lukas – so heißt ein anderer Enkel von mir – war zu dieser Zeit selten.

Alle Kinder meiner Enkelin Elisabeth – sie hat drei – bekamen zu ihrem Taufnamen noch einen wohlklingenden indianischen Namen. Irgendwann erfuhren wir, daß einer davon übersetzt »graue Krähe« heißt.

Einmal habe ich im Sauerland eine Mutter entbunden. Sie nannte ihr Kind Chaota, »weil in der Schwangerschaft alles so chaotisch war«, wie sie sagte. Ich hoffte, daß der Name vom Standesamt nicht angenommen würde, aber er ging dann als Name eines indianischen Stammes durch.

Ich habe immer von einem zweiten Kind geträumt, das nach einer Eileiterschwangerschaft leider nicht mehr kam. Ulrike, Veronika, Genoveva oder Felicitas hätte ich es genannt, ein Junge hätte Olav geheißen.

Einmal freute ich mich über die biblischen Namen einer Familie mit drei Jungen, die Kinder hießen Simon, Andreas und Jakob. Ich fragte die Eltern, warum sie ihren Kindern diese Namen gegeben hatten. Sie wunderten sich und wußten gar nichts über die Herkunft der Namen. Ich traf die Familie später einmal in der Straßenbahn, sie hatten einen vierten Jungen bekommen, der Moritz hieß.

Heute kann man jedes Jahr in der Zeitung nachlesen, welche Vornamen am häufigsten vergeben werden. Schon lange stehen Maximilian und Alexander unter den ersten zehn auf der Liste. Immer wieder ist Lukas dabei und in den letzten Jahren neuerdings auch wieder Maria.

Ich habe eine Liste der um 1875 geborenen Kölner Hebammen. Wahrscheinlich ist diese Liste in den dreißiger Jahren des letzten Jahrhunderts entstanden, weil acht Hebammen dabei sind, die ich selber noch gekannt habe. Sie waren Mitglieder des Kölner Hebammenvereins, der am 11. November 1889 gegründet worden war und also jetzt fast 120 Jahre alt ist. Von den 197 Hebammen sind Name, Vorname, Adresse und Familienstand aufgeführt. Sechs von ihnen waren Fräulein. Mich hat interessiert, welche Vornamen man um 1875 bevorzugt

hatte, deshalb habe ich mit einer Strichliste herausgefunden, daß die Hälfte von ihnen (97) auf nur sechs verschiedene Vornamen getauft worden waren. Interessant! Maria war im katholischen Kölner Raum natürlich besonders häufig vertreten (26 Mal). Der Name Katharina 21 Mal, gefolgt von Anna (15 Mal), Margarethe und Gertrud (jeweils 13 Mal), Elisabeth ist nicht einmal vertreten, dafür aber neun Mal Elise. Erstaunlich!

Zwei- oder dreimal sind Helene, Josepha und Josephine, Wilhelmine, Bertha, Sophia, Sybilla, Agnes, Apollonia (einmal mit zwei p, einmal mit einem), Eva, Luise, Adele, Auguste vertreten. Zwei Namen, die mir gefallen und die ich noch nicht kannte, sind Lidwina und Lisette. Petronella hatte ich schon einmal gehört und auch Dorothea und Amalia gefallen mir gut. Justine kommt in der Liste einmal vor und auch Cäcilia, Ina, Magdalena und Utta. Keine einzige Ursula wurde damals in Köln Hebamme.

In dem Protokollbuch des Kölner Hebammenvereins hat 1922 als Schriftführerin eine Hebamme Seligmann mit klarer, großer Schrift mehrmals unterschrieben, in der Liste Anfang der dreißiger Jahr kommt sie nicht mehr vor. Ich vermute, daß sie Jüdin war.

Auch damals schon trafen sich die Hebammen an jedem ersten Mittwoch im Monat im Hörsaal der Frauenklinik. Einmal wurde ich zu einer Frau gerufen, weil ihre Hebamme, Frau Otto aus Köln-Deutz, nicht zu erreichen war. Als ich dort ankam, war auch sie gerade angekommen und ich fuhr wieder nach Hause. Bei der nächsten Hebammenversammlung erzählte Frau Otto mir: »Frau Schlundt, die Frau war eine halbe Stunde später tot.« Solche Erlebnisse mußte man unbedingt mit Kolleginnen besprechen und verarbeiten.

Haben wir nicht einen schönen Beruf?

Immer wieder lerne ich Kolleginnen kennen, deren Mutter schon Hebamme war oder deren Töchter Hebammen geworden sind. Es gibt auch eine regelrechte Hebammendynastie: Eine Kollegin erzählte mir bei einer Fortbildung, daß ihre Tochter die fünfte Hebamme in Generationsfolge in der Familie sei. Einmal fragte ich meine Enkelin, ob sie auch Hebamme werden wollte, und sie gab mir zur Antwort: »Nein, da kann man ja nicht seine Enkel besuchen!«

Auf der Hundert-Jahr-Feier des Deutschen Hebammenverbandes 1984 in der Redoute in Bonn-Bad Godesberg hielt ich eine der drei Festreden und schilderte darin unter anderem mein letztes Arbeitsjahr in Köln. Viele Kolleginnen, vor allem ältere, weinten vor Rührung. Andere beglückwünschten mich und sagten, der Vortrag hätte ihnen Mut gemacht, freiberuflich als Hebamme zu arbeiten.

Kürzlich habe ich das Manuskript zu der Rede erneut durchgelesen. Mir ist noch einmal bewußt geworden, was Frau Plonka und ich in den achtziger Jahren geleistet haben, da immer weniger Hebammen immer mehr Geburten zu leiten hatten. Dazu kamen die Wochenpflegen bei ambulanten Geburten.

Bevor mein Mann 1994 starb, waren wir neun Jahre nicht in Urlaub gewesen und hatten für den Sommer eine Reise nach Finnland zu unserem geliebten Häuschen geplant. Dazu ist es nicht mehr gekommen. Noch an dem Tag, an dem er nachts starb, hat er mich zu Wochenbesuchen gefahren und, wie immer die Hand auf meinem Arm ruhend, gesagt: »Haben wir nicht einen schönen Beruf?« In seiner Todesanzeige stand: »Ich danke Dir, daß Du mir gestattet hast, meine Berufung als Hebamme zu leben.«

Mein Mann war acht Jahre Soldat gewesen und mehrmals verwundet worden. In seinem letzten Lebensjahr hatte er öfters gemeint: »Ich hätte nie gedacht, daß ich so alt werde – 74 Jahre.« Und zu seinen Enkeln hat er mehr als ein Mal im Hinblick auf unser Schlafzimmer gesagt: »Dies ist mein Sterbe- und Auferstehungszimmer.« In der Nacht, als er starb, wollte er gegen vier Uhr morgens Kaffee haben und gleich darauf doch lieber Wasser. Er fiel hin, als er zur Toilette ging, und sagte verwundert: »Na, so was.« Dann saß er noch eine kurze Zeit auf dem Bett, legte sich schließlich hin, faßte nach meiner Hand, seufzte drei Mal und starb.

Als wir bauten, war er gar nicht davon angetan gewesen. Wofür brauchten wir ein Haus?, hatte er gemeint. Im letzten Jahr vor seinem Tod sagte er mindestens ein Mal am Tag: »Das Haus war deine beste Idee!« In dem Haus konnte er sich verwirklichen. Er konnte seiner Fotoleidenschaft nachgehen – er war Autodidakt, aber ein Meister der Sport- und Naturfotografie. Ganze Nächte verbrachten wir in der Dunkelkammer. Besonders schön war es, wenn sich die Konturen der Bilder in der Lösung abzeichneten. Dann bewunderten wir gemeinsam das Ergebnis. Unser Haus in Finnland haben wir durch Sportfotografie bezahlt.

Mein Mann sammelte: Briefmarken, die er dann wieder verschenkte, Hüte, Schlipse, alte Möbel, Schallplatten, Kruzifixe, Gebetbücher und vieles mehr. Eines davon, ein Kreuz aus mitgebrachtem Birkenholz aus Finnland, vom Kannelampi-See (auf deutsch »Gitarrensee«), schmückt jetzt sein Grab auf dem Friedhof in Köln-Chorweiler.

Heinz Schlundt, Therese Schlundts Ehemann, nach der Feier der Goldenen Hochzeit.

Gemeinsam sammelten wir Kaffeekannen. Ich vergesse nie die Augenblicke, wenn er nach Hause kam und wieder eine Kaffeekanne auspackte, sie hochhielt und zu mir sagte: »Setz dich!« und dann: »Ist die nicht schön?« Wir bewunderten Form, Farbe und Dekor. Wir sammelten auch Wandteller. Damit hatte ich angefangen, davon war er erst gar nicht so angetan. Aber später war es dann wieder jedes Mal so wie Weihnachten, wenn ein bestellter Teller, meist mit Vogelmotiven, ankam. Ein Bekannter aus der alten Heimat meines Mannes, der Mark Brandenburg, sagte: »So ein schönes Haus habe ich noch nie gesehen!« Und ein Fotograf. »Man sieht, daß in diesem Haus gelebt wurde.« Er wunderte sich über die vielen Scherben, die ich gesammelt hatte, um Scherbenbilder zu machen.

Mein Mann hatte immer gesagt: »Ich mache weiter den Haushalt, wenn wir alt sind, und du schreibst das Buch.«

Gefährliche Geburtshilfe

Auf einem Grundstück in der Ulmer Straße, das von einem hohen Bretterzaun umgeben ist, hat sich ein kleiner Zirkus für den Winter einquartiert. Zwei spuckende Lamas tänzeln hochnäsig um zwei grün gestrichene Wagen mit rundem Dach herum. Wir verschwinden schnell in einem der Wagen, denn dort soll ein Kind zur Welt kommen. Dessen Vater, einen Farbigen, sehe ich nur kurz. Wir vier Frauen, die Mutter, zwei ihrer Freundinnen und ich, bleiben allein. Draußen ist es kalt, und ich lasse tüchtig heizen. Nahe an der Tür steht ein Küchenherd. Er tut sein Möglichstes. Wir lassen zusätzlich die Backofentür auf, damit es schneller warm wird. Es ist dämmrig im Raum, das Licht spärlich. Es beginnt schon heller zu werden, es ist sieben Uhr morgens im März, und das Kind hat sich noch nicht auf den Weg gemacht. Irgendwann wird die Backofentür geschlossen, und irgendwann dringen aus der geschlossenen Ofentür dicke, übel riechende Schwaden. Wir versuchen schnell, die Tür des Wagens zu öffnen. Wir schaffen es nicht. Die Tür klemmt. Hustend rütteln wir an der Tür. Endlich hat man uns im anderen Wagen gehört und kommt uns zu Hilfe. Gott sei Dank! Frische Winterluft strömt in den Wagen.

»Notfalls hätten wir durch die Fenster hinten im Wagen herausgemußt«, sage ich.

»Die Fenster im Wagen sind zugenagelt«, bekomme ich zur Antwort. Mich überläuft es kalt. Ich sehe uns verzweifelt an der Tür rütteln.

Was war geschehen? Im Backofen lagen zwei Briketts, darauf Wollsocken zum Trocknen. Die hatte man vergessen. Als die Backofentür geschlossen wurde, fingen die Briketts an zu glühen und die Socken an zu qualmen.

Zwei Stunden später wird das Kind geboren. Es ist zwar der errechnete Termin, das Kind wiegt jedoch nur drei Pfund, es hat im Mutterleib Mangel gelitten. Das Fruchtwasser ist schmierig grün. Solche Kinder erholen sich erstaunlich schnell und holen auf, wenn sie genügend Flüssigkeit bekommen.

Wir bestellen einen Krankenwagen, um den Jungen in die Kinderklinik Amsterdamer Straße zu bringen. Die Krankenwagenbesatzung schlägt die Hände über dem Kopf zusammen, als sie den Wohnwagen betritt. Hinter dem vor Hitze fast glühenden Ofen entdecken sie einen Perlonvorhang!

Wir wären alle verloren gewesen, wenn er in Flammen aufgegangen wäre!

Immer wenn ich an der Ulmer Straße vorbeifahre, denke ich daran, daß wir damals bei der Geburt gute Schutzengel hatten. Wir: die Mutter, die Geburtshelfer und das Kind, das zu einem prächtigen Jungen herangewachsen ist, der sich inzwischen auf dem Hochseil versucht.

Gertrud Dreiser, das »Nippeser Postpferdchen«

Frau Gertrud Dreiser wohnte schon seit Jahrzehnten in der Florastraße in Köln-Nippes. Sie hatte dort im ersten Stock eine schöne Wohnung mit einer großen Wohnküche. Da sie an beiden Knien an Arthritis litt – die Schmerzen in den Beinen verdüsterten ihr die letzten Lebensjahre –, hätte sie gern diese Wohnung gegen ein ebenerdig gelegenes Zimmer getauscht. Dort hätte sie am Fenster sitzend das Leben auf der Straße beobachten und daran teilnehmen können.

Aber die Hausbesitzerin ließ den Tausch nicht zu. Und so saß sie in der kühlen, nach Norden gelegenen, für sie viel zu großen Wohnung – wenn sie nicht bei mir das Telefon hütete. Als ihr Sohn in Langenfeld gebaut hatte, zog sie mit dorthin. In dem ruhigen Neubauviertel der fremden Stadt wäre sie jedoch beinahe vor Heimweh nach Köln vergangen. Sie vermißte vor allem den täglichen Gang zum Markt am Wilhelmsplatz in Köln-Nippes. Das wird jeder verstehen, der diesen lebendigen Kölner Markt kennt.

Ich beschloß, an Dr. Lemmens zu schreiben. Der Notar war damals in den siebziger Jahren einige Zeit Zweiter Bürgermeister von Köln. Ich schilderte ihm, was das »Nippeser Postpferdchen« – so wurde Frau Dreiser liebevoll von ihren Frauen genannt – in 50 Jahren Hebammentätigkeit tagtäglich geleistet hatte und bat um Hilfe.

Umgehend bekam ich Antwort und Frau Dreiser eine kleine

Altenwohnung in der Flittarder Semmelweißstraße. Wenn ich sie dort mit meiner Mutter besuchte, war sie fast die Alte: immer zu Scherzen aufgelegt und immer bereit, mir aus der Kölner Hebammenszene zu erzählen.

Als sie sich nicht mehr alleine helfen konnte, übersiedelte sie in die Riehler Heimstätten. Wenn ich sie dort besuchte, hatte sie immer nur einen Wunsch, der leider nicht erfüllt werden konnte: ein kleines Zimmer für sich allein. Auf dem Waldfriedhof in Langenfeld liegt sie begraben.

Frau Dreiser war erst 21 Jahr alt, als ihr erster Mann im Ersten Weltkrieg umkam und sie Witwe wurde. Sie war an der Kölner Hebammenanstalt ausgebildet worden, die 1925 geschlossen wurde. Fünf Monate dauerte die Ausbildung damals. Der damalige Leiter dieser Schule, Professor Frank, war jüdischer Herkunft und wurde von Frau Dreiser sehr geschätzt. Er war ein hervorragender Arzt und Hebammenlehrer. Frau Dreiser, die inzwischen einen Witwer mit Kind geheiratet hatte, verehrte ihn besonders, weil er ihr – wie sie sagte – zu ihrem einzigen leiblichen Kind »verholfen« hatte. Zwei Geburten waren aufgrund ihres verformten Beckens unglücklich geendet.

Ob Professor Frank der »Erfinder« der Symphysektromie, also der Beckenspaltung war, weiß ich nicht, jedenfalls wurde diese beckenerweiternde Operation in seiner Klinik, der Uniklinik, angewandt. Rachitisch verformte Becken waren sehr häufig zu dieser Zeit und ein Problem, das jeden Geburtshelfer beschäftigte.

Frau Dreiser war stets um die Versorgung ihrer Wöchnerinnen, gerade in den Arbeiterfamilien, die häufig sehr groß waren, bemüht: Sie sprach häufig im Delikatessengeschäft Eiting Ecke Niehler Straße/Florastraße vor, das dann der bedürftigen Familie das Mittagessen schickte, solange die

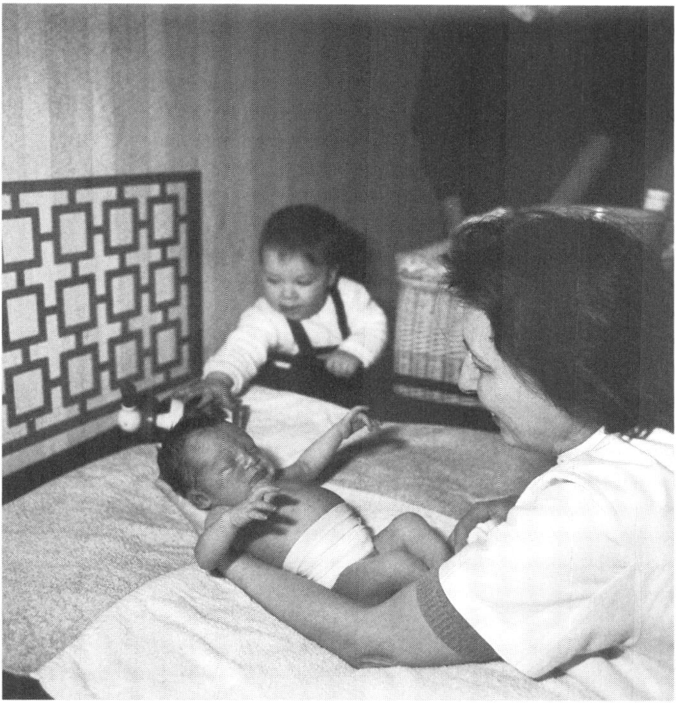

Therese Schlundt mit ihren beiden ersten Enkeln, dem elf Monate alten Johannes und dem neugeborenen Lukas.

Mutter im Kindbett lag. Auch Frau Goncer, die damalige Vorsitzende des Kölner Hebammenvereins, erzählte oft, daß sie von den begüterten Wöchnerinnen Butterbrote zu ärmeren Müttern mitnahm: Solidarität am Wochenbett!

»Köppler kommt«

Meine Hebammengeneration hat hart kämpfen müssen – um Ansehen, um Arbeitsmöglichkeiten, und nicht zuletzt um bessere Bezahlung.

Wir waren ja als Frauen grundsätzlich immer unterbezahlt, wenn auch nicht so sehr wie noch heute die Hebammen in Polen, die 1999 vor den polnischen Ministerien in einen länger dauernden Hungerstreik getreten waren und dadurch eine minimale Erhöhung ihrer Gebühren erreichen konnten. Sie hatten davor weniger als eine ungelernte Verkäuferin erhalten.

Wir deutschen Hebammen haben, um eine längst fällige Gebührenanhebung zu erreichen, 1980 die erste reine Frauendemonstration in der BRD in Bonn gestartet. Außerdem ging es darum, darauf hinzuweisen, daß unser Berufsstand überaltert war und die Zeit heranrückte, wo immer weniger Hebammen immer mehr Geburtshilfen leisten mußten. Der Zeitpunkt war klug gewählt, kurz vor der Bundestagswahl 1980. Ich erinnere mich noch daran, daß auf den Bürgersteigen Wahlplakate mit dem Slogan zu sehen waren: »Köppler kommt«. Der CDU-Politiker starb kurz nach den Wahlen.

Wir zogen mit Transparenten, auf denen unter anderem stand: »Wer hilft morgen Mutter und Kind?« vom Arbeitsministerium zum Sozialministerium und erreichten ein Gespräch mit den beiden Ministern. Sie unterschrieben unsere Forderung – ein Wochenende vor der Wahl blieb ihnen auch nichts anderes übrig.

Unsere Gebührenerhöhungen waren immer hart erkämpft. Der Bundestag mußte dem zustimmen, war dies der Fall, wurde oft rückwirkend gezahlt, das war immer ein warmer Regen.

Zwei spürbare Erhöhungen hat uns der frühere Arbeits- und Sozialminister Norbert Blüm beschert. Die entsprechenden Anträge lagen ihm lange vor. Ich erinnere mich an den Tag, als ich zum x-ten Male wieder im Arbeitsministerium anrief und sein Referent Liebe freudig sagte: »Frau Schlundt, er hat heute unterschrieben!«

Eine frauenpolitisch immanent wichtige Entscheidung war dabei die mit einer Gebührenordnung gekoppelte Erhöhung der Toleranzgrenze. Als ich vor fünfzig Jahren als frei praktizierende Hebamme anfing, betrug die Toleranzgrenze vier Kilometer. Das heißt, die Kasse tolerierte, daß die Schwangere nicht die am nächsten wohnende Hebamme nahm, und zahlte einer Hebamme die Wegegebühren für Vorbesuche, Geburt und Wochenbett komplett, wenn sie nicht weiter als vier Kilometer von der Schwangeren entfernt wohnte. Heute beträgt die Toleranzgrenze zwanzig Kilometer! Auf diese Weise haben die Frauen in Deutschland wirklich freie Hebammenwahl – im Umkreis von zwanzig Kilometern ist schon »die Richtige« dabei.

Was die damals geringe Toleranzgrenze für Vielgebärende bedeutete, habe ich bei meinen zahlreichen Vertretungen gemerkt, wenn ich für eine verhinderte Kollegin einsprang. Die Frauen, die mich ja nicht ausgesucht hatten, begegneten mir zunächst voreingenommen (»die läßt dich zappeln«, »die gibt keine Spritze«), um dann jedoch nach der Geburt festzustellen, daß zwar die letzte Geburt viel kürzer (die Kollegin hatte dann oft eine Wehenspritze gesetzt), dafür aber die längere mit mir (ohne Spritze) schöner und auch besser für das Kind

Unter dem Arm Sonicaid und Hörrohr in einer schwarzen Tasche, in der Hand die Autoschlüssel, so eilte Frau Schlundt in den siebziger Jahren zu ihren Müttern.

war. Einige Kolleginnen hatten sich im Krieg angewöhnt, Wehenspritzen zu setzen, um etwa bei Fliegeralarm nicht noch mitten in der Geburt zu sein. Dieses Vertrauen der Mehrgebärenden zu gewinnen, erforderte Gelassenheit und Geduld.

Vor etwa dreißig Jahren wurde ich einmal in die Dauner Straße in Köln-Sülz gerufen, weil die gewählte Hebamme verhindert war. Ich fuhr sofort los und war nach einer halben Stunde vor Ort. Als die Gebärende erfuhr, daß die Kollegin nicht kommen würde, aber dafür gesorgt hatte, daß eine andere Hebamme käme, reagierte sie derart übersteigert, daß dem Ehemann in seiner Not nichts anderes übrig blieb, als die Feuerwehr mit Rettungswagen zu alarmieren.

Die beiden Feuerwehrleute mit ihren Aluminiumkoffern keuchten hinter mir her in die vierte Etage. Die Frau stand in der Küche am Tisch und schrie aus voller Brust. Ich faßte als erstes auf ihren Bauch und sagte: »Was schreien Sie denn so, Sie haben doch keine Wehe!«

»Han ich auch nisch«, sagte sie, »ävver jleich kütt ene!«

Während die beiden Feuerwehrleute im Nebenzimmer warteten, brachte ich die Frau doch noch ins Bett und habe das Kind schließlich heil »herauskristellert«, das heißt, es von außen herausgeschoben, indem ich von oben auf die Gebärmutter drückte. Die Frau war einfach nicht zum Pressen zu bewegen gewesen. Dann begann der Kampf um die Nachgeburt: Mit keinem guten Wort war die Frau dazu zu kriegen, die Beine erneut zu öffnen und zu pressen. Ich erinnere mich, daß ich schließlich sagte: »Ich hol die Polizei!«

Darauf erwiderte sie nur: »Da holen Se se doch!«

Mein barscher Ton ist nur aus meiner Angst vor einer drohenden Blutung zu verstehen. Ich hatte keine Zeit gehabt, mit der Frau warm zu werden und ins Gespräch zu kommen. Hier

Manchmal mußte auch eine einfache Schüssel für das Bad des Neugeborenen herhalten.

ging es um das Kind, und als das endlich da war, um die Nachgeburt. Das war eigentlich die einzige Geburt, bei der ich so auftreten mußte und mit der Polizei drohte. Das war vor 38 Jahren.

Eine Zeit lang war das den Hebammen gewährte »Mindesteinkommen« (600 Mark und Sozialleistungen), das der Landschaftsverband Rheinland zahlte, ein arger Hemmschuh für die Entwicklung des Hebammenwesens. Die Hebammen, die nicht genug ausgelastet waren, die man aber im Beruf halten wollte, bekamen es. Die Kommunen mußten schließlich gewährleisten, daß jede Frau innerhalb von zwanzig Minuten theoretisch von einer Hebamme erreicht werden konnte. Deshalb wurden keine neuen Niederlassungserlaubnisse erteilt: weil es immer genügend niedergelassene Hebammen gab, die Mindesteinkommen bezogen.

Einmal gewannen Hebammen einen Prozeß vor dem Bundesverwaltungsgericht, als sie gegen die Bestimmung klagten, daß die Hebammen kein Mindesteinkommen oder nur einen Teil davon bekamen, deren Männer das Anderthalbfache des Mindesteinkommens verdienten. Unglaublich und gegen die Frauen gerichtet empfanden die Hebammen das, und das höchste Gericht gab ihnen Recht. Auf heute übertragen würde das bedeuten, daß eine arbeitende Frau in ihrem Beruf als Lehrerin zum Beispiel weniger verdient, weil ihr Mann zum Beispiel bei den Stadtwerken beschäftigt ist. Die Hebammen, die zum Landschaftsverband Rheinland zählten, bekamen schließlich eine Nachzahlung.

Das galt auch für mich, aber nur für die zwei Monate in Köln und nicht für das Jahr in Paderborn, das zum Landschaftsverband Lippe gehörte, der nicht zahlte. Es mußte wieder prozessiert werden, damit auch Paderborn zahlte. Ich bat in Köln, mir das Geld vorzustrecken und bekam ein Schreiben des Direktors des Landschaftsverbandes Rheinland, daß meiner Bitte entsprochen würde, wegen meiner Verdienste um den Hebammenstand. Als ich den Brief las, habe ich geweint.

Wenn ich ihn und auch meine Urkunde für das Bundesverdienstkreuz heute lese, auf der »für die Verdienste am deutschen Volk« steht, bewegt mich das immer noch.

Steiß mit Ohren

Für eine »Fußgeburt mit Herausziehen des Kindes« bekam eine Hebamme 1815 zwischen drei und zwölf Mark. 1885 waren es drei bis zehn Mark. Ein Wochenbesuch zur Nachtzeit wurde 1885 mit 50 Pfennig honoriert, 1815 galt noch ein Tarif von 75 Pfennig bis zwei Mark. Meine älteren Kolleginnen erzählten bei den Hebammenversammlungen in der Frauenklinik immer wieder, daß sie acht Mark für die Geburt bekommen hätten und bei armen Wöchnerinnen fünf Mark. Ich weiß auch, daß wir jungen Hebammen kaum noch hinhörten, wenn sie dies erzählten. Sie erzählten es zu oft, und es war für uns Schnee von gestern. Waren wir so, weil wir jung waren? Oder weil wir es immer wieder vorgebetet bekamen?

Anfang der fünfziger Jahre bekam eine Hebamme bei Hausgeburten 32 Mark, das bedeutete für den Wochenbesuch 1,60 Mark, für die Geburt 16 Mark. Das steigerte sich langsam.

Neulich erzählte mir ein Mann, daß sein Kind Anfang der achtziger Jahre vom Arzt aus Steißlage nach Bracht geholt worden war. Das ist die einfachste Entwicklung einer Beckenendlagegeburt: Die bereits geborenen Beine werden am Körper hochgeschlagen, man nimmt Steiß und Beine des Kindes wie ein Paket in die Hand und hebelt das Kind nach oben Richtung Bauch der Mutter, dabei kommt der Kopf heraus. »Das dicke Ende kommt zum Schluß« ist ein Sprichwort aus der

Geburtshelfersprache und gilt für die Geburt des »unanständigen« Kindes, das der Welt zuerst seinen Popo präsentiert. Der Mann hat weiter erzählt, er erinnere sich an die Rechnung des Arztes: Für seine Hilfeleistung hatte er 480 Mark bekommen.

Ich habe ungefähr ein Dutzend Geburten aus Steißlage entwickelt, die meisten nach Bracht, aber auch einige nach Veit Smellie. Dabei legt man sich zunächst Rumpf und Beine des Kindes auf den Unterarm. Dann geht man mit der Hand in die Scheide und greift mit einem Finger in den Mund des Kindes. Auf diese Weise kann man das Kinn herunterziehen, so daß der Kopf mit möglichst geringem Durchmesser den Geburtskanal passieren kann.

Einmal in den Zollstocker Gärten in Köln-Zollstock erkannte ich eine Fußlage, ließ nach dem Arzt schicken, aber das Kind war schneller, und ich entwickelte auch diese ungünstigste der Beckenendlagen erfolgreich, und wir waren alle froh. Die Ärztin kam und schimpfte lauthals, daß ihr Mercedes von den Büschen gestreift worden war. Wie hatte ich sie nur in diese Gegend locken können?

Für eine Steißlagengeburt bekamen die Hebammen, wenn ich mich recht entsinne, die gleiche Gebühr wie für eine normale Geburt, das heißt, noch nicht einmal den zehnten Teil dessen, was ein Arzt verdiente. Das hat mir und Frau Plonka jedoch wenig ausgemacht: Wir waren mit Leib und Seele Hebamme. Frauenberufe, und Hebamme war ein reiner Frauenberuf, wurden eben miserabel bezahlt. Heute merke ich das alles empfindlich an meiner winzigen Rente. Die Erhöhung der Gebühren, die Norbert Blüm durchgesetzt hatte, kam leider bei meiner Rente nicht mehr zum Tragen.

Natürlich habe ich Steißlagen, wenn ich sie rechtzeitig erkannt habe, immer ins Krankenhaus eingewiesen. Als ich noch in der Florastraße in Köln-Nippes wohnte, hatte ich zum Vinzenz-Hospital in Nippes engen Kontakt. Dann bekam ich manchmal von Dr. Simon, der in dem Krankenhaus arbeitete, am Morgen, wenn ich in der Nacht zuvor eine Frau mit dieser Diagnose eingewiesen hatte und ich mich nach dem Ergehen der Frau erkundigte, die Auskunft: »Frau Schlundt, das war ein Steiß mit Ohren.« Dann hatte ich mich wohl getäuscht. Mit den vier Leopoldschen Handgriffen kann man eigentlich ziemlich sicher die Lage des Kindes von außen ertasten. Und wenn man mit dem Hörrohr die Herztöne des Kindes am lautesten rechts oder links oberhalb des Nabels hört, ist das ebenfalls ein Hinweis darauf, daß eine Steißlage vorliegt.

In Wuppertal, bei einer Fortbildung für Hebammen, zu der wir alle fünf Jahre »einberufen« wurden, wurden uns die neuen Ultraschallgeräte vorgeführt. Bei einer Untersuchung mit einem der Geräte wurde bei einer Patientin eine eindeutige Beckenendlage festgestellt. Außerdem konnte man fühlen, daß sie hin und wieder schon eine Wehe hatte. Sie sollte einen Kaiserschnitt bekommen. In der Vorlesung am folgenden Tag erkundigten wir uns nach ihr. Sie hatte in der Nacht spontan ihr Kind aus Kopflage geboren. Das war zwar selten, aber es kam vor allem bei Mehrgebärenden schon einmal vor, daß sich das Kind noch kurz vor der Geburt drehte.

Einmal wurde ich zu einer mir unbekannten Frau, die schon Kinder geboren hatte, gerufen. Als ich bei ihr ankam, war der Steiß des Kindes schon sichtbar. Ich habe die Frau hecheln und nicht pressen lassen und sie schnell ins nahe gelegene Elisabeth-Krankenhaus in Köln-Hohenlind gebracht. Ich weiß nicht, ob ich durch den Leopoldschen Handgriff erkannt hatte, daß da etwas nicht stimmte. Ich wartete mit trockenem Gaumen, vor lauter Hecheln erschöpft im Krankenhausflur.

Ein Arzt ging vorbei, ein zweiter, ein dritter und schließlich der Professor, damals Professor Lauterwein. Nach einer Viertelstunde wurde ich in den Kreißsaal gerufen. Man zeigte mir das Kind, ich erinnere mich noch an das sehr schöne, friedliche Gesichtchen. Man hatte den Kopf eröffnen müssen, es hatte einen Wasserkopf. Hätte ich die Frau pressen lassen, dann hätte auch sie sterben können, die Gebärmutter hätte zerreißen können. Meinen Kolleginnen erzählte ich später, daß, als ich ankam, der Steiß am Beckenboden sichtbar gewesen wäre und ich die Frau ins Krankenhaus gefahren hätte. Frau Schmitt aus Köln-Rodenkirchen und Frau Plonka, die damals noch in Köln-Riehl wohnte, sagten verwundert: »Frau Schlundt, Sie ham die weggebracht? Wie viele Steißlagen haben Sie schon entwickelt?« Ich habe beiden dann erklärt, daß ich rein intuitiv gewußt hätte, daß etwas nicht in Ordnung war, und deshalb die Frau weggebracht hätte. Die Frau und ich hatten einen guten Schutzengel.

Bei einer Achtgebärenden, die ich schon mehrmals entbunden hatte, stellte ich diesmal eine Beckenendlage fest und brachte sie ebenfalls ins Krankenhaus. Sie sollte spontan entbinden, zwei Ärzte standen am Ende des Flures und frischten ihr Wissen mit einem Buch auf. Das war durchaus verständlich für mich in einem solch komplizierten Fall. Aber dann hieß es plötzlich: Kaiserschnitt. Ich durfte mit in den OP. Die Frau war ganz ängstlich, erst als sie mich in meiner Verkleidung erkannte, wurde sie ruhiger. Eine Leiter wurde hereingefahren, und die Operation wurde von oben gefilmt. Dann stieg der Kameramann von der Leiter herunter und sagte: »Das war also Frau Winter.« Sie hieß aber anders und war mit verwechselten Papieren in den OP gefahren worden. Man brauchte Gott sei Dank kein Blut, und so hatte die Namensverwechslung keine Konsequenzen. Für mich war nicht nur der Kaiserschnitt

Auch Therese Schlundt hat sich früher nichts dabei gedacht, die Kinder an den Füßen hochzuhalten, um zu messen, ob sie nun 50 oder 51 Zentimeter waren.

überraschend, sondern auch die Tatsache, daß ein Film gedreht wurde. Ich weiß auch nicht, ob man die Frau vorher gefragt hatte. Aber ich war auf jeden Fall heilfroh, daß ich mit in den Kreißsaal durfte und der Frau beistehen konnte.

Wenn ich eine Frau für die Geburt in ein Krankenhaus einliefern mußte, bin ich immer dabei geblieben. Für die Frauen war das sehr wichtig, daß die ihr vertraute Hebamme sie begleitete.

Oase

Irgendwann einmal fragte mich eine kurdische Wöchnerin, was das Wort »Oase« bedeute. Ich war überrascht über diese Frage, denn ich dachte, dies sei ein Wort wie Taxi, Kiosk oder Post, was man sogar im Finnischen versteht. Als die Kurdin dann erfuhr, was es heißt, strahlte sie und sagte: »Ja, das ist ein schöner Name, der paßt!«

Mit der »Oase« ging ich dreißig Jahre »schwanger«. Schon als Hebammenschülerin schwebte mir vor, für meine Mütter, ihre Kinder, für die Familien irgendwann im eigenen Haus einen Ort der Begegnung zu schaffen. Aber wie an ein eigenes Haus kommen? Also schrieb ich, von der Wichtigkeit meines Berufes überzeugt, überall hin, an die Stadtabgeordneten, die Kirchen etwa. Aber für Hebammenhäuser hatte niemand Verständnis, und es gab auch keinen Fond für so etwas. Daß ich wenigstens eine Wohnung an dem Ort meiner ersten Niederlassung, in Paderborn, bekam, hatte ich meinem Mann zu verdanken: Er wohnte damals in Menden im Sauerland in einem möblierten Zimmer und trainierte Menden 09, einen Fußballverein und dessen Leichtathletikabteilung. Wenn er Ingrid und mich mittwochs in Paderborn besuchte, trainierte er zusätzlich den dortigen Jugendverein DJK, der uns eine Wohnung besorgte. Dann bekamen wir durch den Sportausschuß in Menden eine Wohnung, und ich kämpfte dort um einen Bauplatz in der Neubausiedlung »Platte Heide«. Wieder Eingaben an die Stadt und Kirche.

Schließlich bewarb sich der ASV Köln um meinen Mann als Cheftrainer, und mich zog es ebenfalls an den Rhein. Wir gingen also 1958/59 nach Köln, und ich verfolgte weiter mein Ziel, ein Haus der Begegnung zu gründen. Wir wohnten in der Florastraße, ganz nah am Botanischen Garten, der ASV bezahlte die Miete für die Dreizimmerwohnung – damals 220 Mark. Meine Schwiegermutter, die immer kostenlos im Forsthaus gewohnt hatte und mit uns dort wohnte, fand das entsetzlich teuer.

1965 bewarb ich mich um die Niederlassung als Hebamme für Köln-Chorweiler, weil ich annahm, daß in dieser »Neuen Stadt« viele junge Familien meine Hilfe bräuchten. Am Fronleichnamstag 1965 blätterte ich in Plänen von Häusern, die uns der Sohn des Präsidenten der Deutschen Wohnungsgesellschaft (DEWOG) Ewertz aus Dankbarkeit für die sportliche Betreuung durch meinen Mann – Ewertz jun. war damals Deutscher Jugendmeister über 3000 Meter geworden – mit den Worten zugesteckt hatte: »Herr Schlundt, wollen Sie nicht bauen?«

Die Pläne hatten lange unbeachtet in der Ecke gelegen. Einer der Grundrisse gefiel mir aufgrund seiner Aufteilung so gut, daß ich mich noch am Abend des Feiertages telefonisch mit Herrn Ewertz sen. in Verbindung setzte. Er sagte mir, daß nur noch sechs Häuser zu haben seien. Wir ließen uns ausrechnen, was ein solches Haus kosten würde, und einen Finanzierungsplan machen. Uns stand ein Landesbedienstetendarlehen zu, weil mein Mann damals Sportlehrer am Gymnasium war.

Mein Mann und seine Mutter verstanden gar nicht, daß ich ein Haus bauen wollte, wir hatten doch eine Wohnung! Und nachdem die DEWOG das Haus vollständig unterkellerte – es war nur ein Kriechkeller vorgesehen gewesen –, fanden dort zunächst meine Aktivitäten statt: Säuglingspflegekurse für die Eltern, Stillberatung. Alles war sehr beengt und auch eine Belastung für meine Familie. Am Samstag verschwand ich für Stunden im Keller. Darüber war mein Mann nicht sehr erbaut, obwohl er grundsätzlich viel Verständnis für meinen Beruf aufbrachte.

Eines Tages fragte ich Diakon Hymen aus Köln-Heimersdorf nach dem Markussaal in Köln-Seeberg für meine Geburtsvorbereitung, und er sagte sofort ja. Die Matten für den Kurs verstauten wir im staubigen Keller unter dem Markussaal. Es war sehr anstrengend für uns, jeden Montag und Dienstag Matten und Anschauungsmaterial für die Kurse rauf und runter zu befördern.

Deswegen zog ich 1980 zum Bedauern von Diakon Hymen mit meinen Kursen in das Bürgerzentrum Chorweiler um. Dort war zwar auch kein Platz für die Lagerung der Matten, aber es regnete immerhin nicht durchs Dach wie öfter im Markussaal.

Kurze Zeit später wurde schließlich an der Longericher Straße eine sehr verlockende eingeschossige Immobilie frei, die ich mietete. Im Keller befand sich ein Schwimmbad, das wir bald mit dicken Bohlen abdeckten. Dadurch erhielten wir eine ideale Liegefläche für die Schwangerschaftsgymnastikkurse. Zur Straße hin hatte das Gebäude eine breite Fensterfront. So konnte man schon von draußen die vier Hängematten sehen, die in dem zwölf mal acht Meter großen pfeilerlosen Raum hingen. Der Raum mit seinem sattgrünen Teppichboden wirkte so einladend, wie eine Oase ja nun einmal ist.

Bei der Gründung der Oase 1982 bat ich Kardinal Höffner um Hilfe. Er gewährte mir aus Mitteln der Diözese eine einmalige Zuwendung von 5000 Mark.

Ich habe damals gesagt: »In der Wüste, die die Stadt für Mütter und Kinder sein kann, soll dies eine Oase sein.« Meine Tochter half mir vom ersten Tag an in der Oase, sie ist ausgebildete Kinderkrankenschwester und hat vier Kinder. Ich hatte sie bei mir angestellt, und wir waren seitdem ein Team. Wir haben in der Oase jeweils zwei Kurse am Montag und drei nacheinander am Dienstagabend gegeben – immer mit dem gleichen Thema. Also habe ich fünfmal hintereinander zum Beispiel über Krampfadern oder Ernährung geredet, immer aber gehörte eine Wehensimulation dazu.

Zuerst habe ich das Anschwellen der Wehen mit dem Telefon simuliert, das ich auf Dauerton gestellt hatte. Diesen Ton habe ich dann stärker und schwächer werden lassen. Heute denke ich: Die armen Kinder – was haben sie wohl bei diesem scheußlichen Ton gefühlt? Ich habe das Thema, das in einer Woche anstand, zunächst ausführlich behandelt, um dann das gleiche Thema noch einmal kurz in der nächsten Woche zu wiederholen. So brauchten die Frauen, die einmal nicht kommen konnten, kein schlechtes Gewissen haben, daß sie etwas versäumt hätten.

Nachdem mein Mitmieter ausgezogen war, hatte ich neben dem schönen großen Raum ein Sprechzimmer, ein Untersuchungszimmer, eine kleine Küche und einen Büroraum mit Mitstreiterin. Sie hat einmal meine Freundlichkeit und Geduld am Telefon so gelobt, daß ich noch heute davon zehre. Natürlich hatte ich auch schöne Toilettenräume, die ich teilweise als Labor nutzte.

Zu einem Geburtstag oder Jubiläum wünschte ich mir im Hof einen größeren Sandkasten für die Kinder. Ich wurde aber nicht froh damit, weil mir Frauen erzählt hatten, das wäre gefährlich wegen der Katzen, die sich darin breit machen und Toxoplasmose übertragen könnten.

Ich hatte auch Praktikantinnen: Ich war ganz stolz, daß sie zum Schluß aus dreizehn verschiedenen Hebammenschulen kamen. Unter anderem aus Marburg, Würzburg, Osnabrück, Kiel, Erlangen, Tübingen, Heidelberg, Saarbrücken, Gießen und Aachen. Die acht Hebammenschülerinnen aus Aachen kamen heimlich, niemand wußte etwas davon. Ihre Kreißsaalhebamme aus Aachen deckte es, und ich glaube, auch der Professor des Luisenhospitals in Aachen wußte davon. Sie alle wollten von einer Hausgeburthebamme lernen.

Als einmal die Oase in Gefahr war, weil ich krank wurde und nicht verdienen konnte, haben die Kölner 30000 Mark gesammelt, von der Stadt bekamen wir 20000 Mark, die mir Bürgermeisterin Canisius bei einer Versammlung mit dem Titel »Wo Hoffnung ist, ist Energie« flüsternd ankündigte. Professor Wolff vom Krankenhaus Holweide hielt damals einen Vortrag, und es wurde ein Förderverein für die Oase gegründet. Ich hatte bis dahin sechs Jahre lang monatliche Unkosten von 6000 Mark für Miete und das Gehalt meiner Tochter aufzubringen. Dann übernahm der neu gegründete Förderverein die Mietkosten. Damals hatte er 260 Mitglieder. Meine Tochter bezahlte ich selber weiter und auch die anderen Helferinnen, die hin und wieder dazukamen.

Während der Abriß- und Neubauarbeiten des Gebäudes stellte uns der Pastor der Gemeinde Christi Verklärung in Köln-Heimersdorf für ein Jahr den Taborsaal in Heimersdorf kostengünstig zur Verfügung. Nach einem Jahr bezogen wir am alten Standort im Souterrain einen hundert Quadratmeter großen schönen Raum mit einem Aufzug für Kinderwagen. Ins gleiche Gebäude zogen ein Kinderarzt, ein Internist und eine chirurgische Praxis. Der Chirurg hatte beim Bauen von der Gemeinde St. Bernhard die Auflage erhalten, in dem Haus einen Raum für die Oase vorzusehen und diesen an mich zu vermieten.

Am 15. August 2002 ist die Oase 20 Jahre alt geworden.

Wie mein Mann und meine Tochter Geburtshilfe leisteten

Einmal klingelte es um acht Uhr morgens in der Florastraße 152 an unserer Wohnungstür. Ich war in der Nacht zu einer Geburt nach Köln-Vingst gerufen worden und noch nicht wieder zu Hause. Mein Mann war schon in der Schule und unsere 17jährige Tochter mit ihrer 14jährigen Cousine allein zu Hause. Vor der Tür stand eine junge Schwangere, eine weitere Frau und drei Männer in Arbeitskluft. Die Schwangere rief: »Ich muß aufs Klo!« und drängte in die Wohnung, die anderen hinterher. Meine Tochter, die gesehen hatte, daß die junge Frau in anderen Umständen war, sagte zu ihr: »Nein, legen Sie sich in mein Bett.« Das war noch aufgedeckt, weil sie kurz vorher aufgestanden war. Das tat die Schwangere, und meine Tochter holte ein Gummituch und legte es der jungen Frau unter die Füße. Sie wagte die Schwangere nicht zu fragen, ob sie sich einmal anheben könnte. An den Füßen nutzte das Tuch allerdings wenig. Ingrid sagte noch zu der jungen Frau, daß sie nicht pressen sollte, aber unwillkürlich tat diese das doch, und der Kopf des Kindes kam. Als ich zu Hause vorfuhr, kam meine Nichte Margret ans Auto gelaufen und rief: »Wir kriegen ein Kind, der Kopf ist schon da!« Das Kind wurde wie alle Kinder mit an den Körper gepreßten Armen geboren. Meine Tochter wußte nicht, daß die Arme unter der Geburt in dieser Haltung sein mußten. Sie dachte, es wäre ein Contergan-Kind. Als es aber ganz geboren war und beim Schreien die Arme weit ausbreitete, war sie ungeheuer erleichtert.

In dem Moment kam ich ins Zimmer und legte das vier Wochen zu früh geborene Kind auf die Seite, saugte es ab und kümmerte mich um die Nachgeburt. Die Angehörigen verschwanden so schnell, wie sie gekommen waren, und erschienen erst vier Stunden später wieder, diesmal alle im Sonntagsstaat. Die junge Frau erzählte, daß sie morgens Bauchschmerzen gehabt hätte. Sie war dann zu ihrer Hebamme in Köln-Sülz gefahren, bei der sie zur Geburt angemeldet war. Diese mußte aber selber weg zu einer Geburt, ließ sie nur aufs Klo und schickte sie zu mir. Die Familie wohnte im Agnesviertel. Obwohl ich das vorgeschriebene Hebammenschild an der Tür hatte, konnte man es nur von einer Seite aus richtig sehen, denn unser Haus stand schräg zur Straße. So waren die Leute in ihrer Not mehrmals am Haus vorbeigefahren. Ich hätte das Kind gerne einem Kinderarzt gezeigt, aber das war nicht möglich, da die Leute nicht versichert waren. Ich habe die Frau dann schließlich im Wochenbett gepflegt, und das Kind gedieh gut.

Jahre später, wir wohnten inzwischen in Köln-Seeberg, leistete mein Mann einmal Geburtshilfe: Ich hatte eine Vertretung im Rheinsanatorium, einer privaten Geburtsklinik in der Düsseldorferstraße, gehabt und war mit dem Arztehepaar zum Abschiedskaffee verabredet. Wir hatten kaum Platz genommen, als mein Mann aufgeregt anrief: »Komm sofort nach Hause, wir kriegen ein Kind!« Na, dachte ich, jetzt hat er sich eine andere Art angewöhnt, mich nach Hause zu kriegen. Es war Sonntag, und er war sauer gewesen, daß ich am Sonntagnachmittag verschwand. Aber dann hörte ich unseren Boxer jaulen und im Hintergrund eine Frau stöhnen. Ich war in zwölf Minuten zu Hause: Der Achtpfünder war schon geboren, lag zwischen den Füßen seiner Mutter, die ich nicht kannte, die aber recht nahe bei uns, im Berberitzenweg, wohnte, wie sich herausstellte. Sie hatte sich an diesem Sonntag mit ihrem Mann etwas gestritten. Beide hatten getrunken und sie war mit den Worten »Ich gehe jetzt zur Hebamme!« aus der Wohnung gelaufen. Es hatte geregnet, die Luft war wunderschön frisch. Sie hat also auf dem kurzen Fußweg zu uns schön tief geatmet und war auf den letzten Metern in ihrer Not gehüpft. Spielende Kinder hatten das beobachtet und es mir später erzählt.

Mein Mann sah direkt, daß die Frau bald niederkommen würde. Er legte sie ins Bett und rief mich sofort an. Dann rief die Frau: »Häärr! Et kütt!« Mein Mann hob die Bettdecke hoch und sagte: »Nein, et kütt noch nich.« Für ihn war das schon sehr dramatisch: Der Hund jaulte in höchsten Tönen und die Frau schrie: »Jetzt kütt et aber!«

Mein Mann blieb immer dabei, wenn er diese Episode erzählte, er hätte Dammschutz gemacht. Aber da er dann auch erzählte, er hätte die Nabelschnur durchgebissen, diese aber noch nicht durchtrennt war, als ich kam, glaubte ich ihm nicht. Das Kind war sehr schwer, aber auch so schwere Kinder können ohne Unterstützung und Hilfe kommen. Es war außerdem das sechste Kind seiner Mutter. Die Matratze mußte dran glauben, denn die Frau blutete stark. Mit Eis auf dem Bauch und Methergin brachte ich die Blutung zum Stillstand. Dem Arzt, den mein Mann angerufen hatte, konnte ich telefonisch Bescheid geben, daß er nicht zu kommen brauchte. Ich badete das Kind im Waschbecken und rief die Nachbarskinder dazu, daß sie zusehen konnten. Dann schickte ich sie zum Vater, um Anziehsachen für das Neugeborene zu holen. Die Kinder brachten die Wäsche schnell und erzählten, der Vater hätte gesagt: »Das kann nicht sein, sie ist erst eben hier weggegangen.« So viel kann eben in einer Viertelstunde passieren. Mein Mann und ich tranken dann noch eine Tasse Kaffee zusammen, und mein Mann war mächtig stolz, diese Situation gemeistert zu haben. 1990 hörte ich dann, daß beide Eltern schon gestorben waren.

Einmal habe ich auch einen Mann von der Straße direkt zur Geburtshilfe herangezogen. Ich hatte die Frau bei meinem Vorbesuch gefragt, ob bei den vorhergegangenen drei Geburten in der Klinik Komplikationen aufgetreten seien. Sie verneinte es, und im Mutterpaß stand auch nichts davon. Ich übernahm also ihre Geburt. Als der Kopf geboren war, hatte ich Schwierigkeiten mit den Schultern. Die herzkranke Nachbarin, die dabei war, konnte mir nicht helfen. Die Frau mußte ins Querbett, also quer ins Bett gelagert werden und jemand mußte die Beine halten, damit ich die Schultern entwickeln konnte. Ich rief aus dem Fenster um Hilfe. Ein Mann bot mir Hilfe an und kam herauf, und alles nahm ein gutes Ende. »Uff«, sagte ich hinterher, »das war ein hartes Stück Arbeit.« Darauf antwortete die Frau: »Die Schwierigkeiten hatte ich bei jedem Kind. Beim letzten lief die Hebamme nachts auf den Flur und rief laut um Hilfe.« Hatte sie nicht gesagt, alle Geburten seien normal verlaufen? Was verstand sie darunter? Das war 1970 in der Würzburger Str. in Köln-Vingst.

Warum sagten meine Hebammenkolleginnen nur immer, wenn ich diese Geschichten erzählte: »So etwas kann nur Ihnen passieren, uns passiert so etwas nie.«

Bin ich eine Designerin?

Ich bin eine Designerin. Die Produkte, die ich entwickelt habe, sind schön, zweckmäßig und kindgerecht. Ich habe im Laufe der fünfzig Jahre, die ich Hebamme bin, alle Dinge, die mit Kindern zu tun haben, hinterfragt, ob sie ihnen wirklich gerecht werden.

Ein Jahrzehnt lang haben meine Kollegin Frau Plonka und ich noch »Wickelditzchen« versorgt, das heißt, Neugeborene in Windeln und Moltontücher eingeschlagen. Ich erinnere mich, daß in meinem Elternhaus in der untersten Schublade des Waschtisches die Kindersachen waren, und es war immer ein schöner Moment, wenn meine Mutter die Schublade aufzog, um zu sehen, ob für das neue Geschwisterchen, das sich angemeldet hatte, noch alles ausreichend vorhanden war. Moltontücher wurden neu umsäumt und die Hemdchen und Jäckchen gezählt. Die kleineren Jäckchen wurden unseren Puppen, die sie zwischendurch ausgeliehen hatten, wieder ausgezogen. Alles wurde frisch gewaschen, Nabelbinden wurden aufgerollt, und breitere gehäkelte Binden, um das Windelpaket zuzuschnüren, gab es auch.

Ich muß gestehen, daß auch ich erfreut war, als in Deutschland Strampelhöschen aufkamen, die ich in Finnland schon gesehen hatte. Man mußte zwar die Kinder zum Wickeln ausziehen und oft waren die Strampler zu groß oder zu klein, und wenn man ein Beinchen glücklich drin hatte, wurde das zweite zum Abenteuer. Und was das Problematischste war: Man mußte unter Umständen noch Strümpfchen und Schühchen anziehen, damit die Füßchen warm wurden. Dann wurden die »Popoklappen« an den Strampelhosen erfunden. Man mußte das Kind nur noch unten herum beim Windelnwechseln ausziehen.

Zwar werden die Bodies von der heutigen Müttergeneration heiß geliebt, ich halte sie jedoch nicht für das Neugeborene und die ersten Wochen für geeignet. Erst kürzlich habe ich gesehen, wie viel Hals sie nackt lassen, weil sie über den Kopf gezogen werden müssen, und wenn das nicht der Fall ist, haben sie Bänder und Druckknöpfe auf den Schultern, am Hals, am Rücken, und das alles gehört nicht dahin.

Erst spät erkannten wir, daß wir die Kinder »anzooogen« und »auszooogen«. Und hatten sie nicht in dem Windelpuck immer warme Füßchen gehabt? Die idealen Erstlingshemdchen und Jäckchen sind über hundert Jahre alt. Die Hemdchen werden vorne gebunden und die Jäckchen hinten. Es gibt sie auch heute noch zu kaufen, wenn auch nicht mit gestickten Röschen auf der Brust, wie ich es von meinen Geschwistern kenne. Für das Jäckchen habe ich noch eine Verbesserung im Kopf, damit es nicht aufsteht.

Neun Monate lang hatte die Welt des Kindes Wände, hatte seine Welt Grenzen. Es schwamm zwar im warmen Fruchtwasser, aber wenn es seine Ärmchen und Beinchen streckte, fühlte es Grenzen. In den letzten Tagen vor der Geburt werden seine Bewegungen seltener, es kann nicht mehr schwimmen, sich kaum bewegen und macht sich auf den Weg. Hat es die Geburtswege hinter sich – manchmal wird es geradezu nach draußen katapultiert – macht es die schreckliche Erfahrung der Unendlichkeit des Raumes. Erwachsene haben oft Bilder des genüßlich strampelnden Babys vor Augen. Das Neugeborene, das haben Frau Plonka und ich immer wieder

Der Kölner Strampler ist ein Säckchen und doch kein Säckchen: Durch die Öffnung am unteren Ende können die Kinder an den nackten Füßen gefaßt und so beruhigt werden.

beobachtet, bewegt seine Gliedmaßen ängstlich. Ganz schnell, noch nackt, gehört es in die Arme der Mutter. Das hat man Gott sei Dank heute eingesehen. Dann zieht man dem Kind Strampelhosen an und der Trost, sich in dieser Welt zunächst zumindest an den Füßen selbst zu spüren, ist weg, gebremst durch Stoffe. Das muß man sich vorstellen, was man ihm da unnötigerweise antut! Später dann findet der Säugling seine Händchen. Mit vier Monaten wird er seine Füßchen schließlich auf jeden Fall wiederentdecken, sie mit den Händchen an den Mund heranholen und sich damit vergnügen.

Das kleine Kind gehört eingeschlagen, eingeschlagen in Tücher. Man kann es dann »entblättern«, um die Windel zu wechseln, um nach dem Nabel zu sehen und um zu fühlen, ob die Füßchen warm sind. Das sind sie meistens, weil die Kinder sie in den Tüchern aneinanderreiben.

Ich habe mir für die Eltern und Großeltern eine lustige Schärpe ausgedacht, die die Windel zusammenhält. Nicht solche »Zigarrenbinden«, die man früher um das Kind wickelte, sondern kleine Schals, die Großmütter und Tanten schenken könnten. Das könnte in Deutschland eine schöne Sitte werden. Und das Kind kann diese Schärpen später noch als Schal oder Halstuch tragen.

Die sichere Sicherheitsnadel zum Zusammenstecken der Windel, wie man sie in England kennt, wird sich in Deutschland kaum einbürgern. Sie kann sich am Körper des Kindes nicht öffnen, aber man traut ihr wahrscheinlich nicht. Und da wir einmal beim Kritisieren sind: Die heute an der Säuglingsbekleidung üblichen Rüschen am Hals und am Handgelenk sind störend beim Stillen, und ich denke immer, was haben sich die Designer wohl dabei gedacht.

Mein jüngster Urenkel hat eine norwegische Mutter. Durch sie und ihre skandinavische Art, das Kind schlicht zu kleiden, habe ich neu entdeckt, daß Einfachheit und Schlichtheit die Persönlichkeit des Kindes unterstreichen und so nicht von der Einmaligkeit dieses kleinen Menschen ablenken.

Aus dieser Einsicht entstand der *Kölner Strampler*. Wenn das Kind nicht mehr in die Moltontücher eingeschlagen wird, mit zwei bis drei Wochen etwa, tritt der Kölner Strampler in Aktion. Ich sah ihn dieser Tage in der Pfälzer Straße an einem Säugling, der an der Brust lag, und dachte überrascht und zufrieden: »Frau Schlundt, da hast du dir wirklich etwas Gutes einfallen lassen!« Und auch die Mutter sagte das. Eine andere Mutter meinte: »Der ist multifunktional, der ersetzt Decke, Ausgehgarnitur, Strampelhose, Socken und man kann über die Füßchen das Kind beruhigen.« Er ist ein Säckchen und doch kein Säckchen, weil er zu den Füßen des Kindes hin ebenfalls offen ist, damit man dort hineingreifen und fühlen kann, ob die Füßchen des Kindes warm sind. Mit einem Haargummi verschlossen, wird der Strampler zu einem Säckchen.

Eine Hamburger Firma wollte ihn schon einmal herstellen, aber im Ausland arbeiten lassen. Gott sei Dank ist daraus nichts geworden, denn ich will Kölner Frauen damit Arbeit geben; z. B. könnten alleinstehenden Mütter und Frauen in Strafanstalten so Arbeit bekommen, denn bereits das Vernähen ist je nach Muster und Motiv eine sehr zeitraubende und anspruchsvolle Arbeit, die nicht von Maschinen geleistet werden kann.

Die *Kölner Strampler* haben einen Nachteil: Man kann sie nicht im Kindersitz im Auto benutzen. Dafür müßte man vorne und hinten einen Schlitz einarbeiten, was die Sache verteuern würde. Dieser Strampler ist sowieso ein Großelterngeschenk in Bezug auf den Preis – aber er hält ja auch fünf Kinder aus, die ihn monatelang tragen können. Zwillingseltern haben mir erzählt, daß sie mit vier Stramplern, also mit zwei für jedes Kind, bis zum achten Monat ausgekommen sind.

Die *Kölner Tür* fand Frau Jikeli, Mutter von vier Kindern, besonders gut. Sie hat die zweigeteilte Tür, mit einem oberen und einem unteren Teil, in unserem Keller gesehen, wo ein Schreiner sie mir vor 30 Jahren eingebaut hat. Ich habe sie erfunden, weil damals die Kinderzimmergröße bei bezuschußten Wohnungen nur elf Quadratmeter betrug und die Kölner Tür zusätzliche Spielfläche lieferte. Ich hatte immer eine Vision, eine Anzeige: »Wohnung zu vermieten, Kinder erwünscht, Kinderzimmer mit *Kölner Tür* ausgestattet«. Bei meinem Urenkel Noah Samuel hat sie sich wie schon bei meinen drei Enkeln erneut bewährt. Sie erleichtert auch, wenn die obere Hälfte geöffnet und die untere Hälfte geschlossen ist, der Mutter eines Kleinkindes die Hausarbeit: Sie kann immer Blick- und Rufkontakt mit dem Kind aufnehmen, ohne daß sie Angst haben muß, daß das Kind außerhalb seines Zimmers etwas anstellt.

Die *Kölner Wickelkommode* kam beim Kölner Innovationspreis 2001 in die Auswahl von 65 Projekten, die der TÜV Gelsenkirchen getroffen hat. Nur eine andere Frau war mit ihrer Erfindung dabei, auch sie, wie alle Männer, mit einer Hightech-Erfindung. Neben mir saß der Erfinder eines Geräts, das eine Stunde vor Beginn eines Regens Alarm schlägt.

Die *Kölner Wickelkommode* schafft als Wickelkommode Ordnung im Kinderzimmer, weitere Spielmöglichkeiten für das Kleinkind und wird schließlich ein Studierturm für den Studenten. Ich habe in meinem Leben bestimmt in fünftausend Kinderzimmer hereingeschaut und meine Vision ist, im Museum für Angewandte Kunst das Kölner Kinderzimmer aufbauen zu können. Die Einrichtungsgegenstände dafür sind zwar nicht alle von mir entworfen, aber sie sind es wert, hergestellt zu werden, denn auch das Kinderzimmer der Computergeneration muß kindgerecht sein, Bewegung erlauben

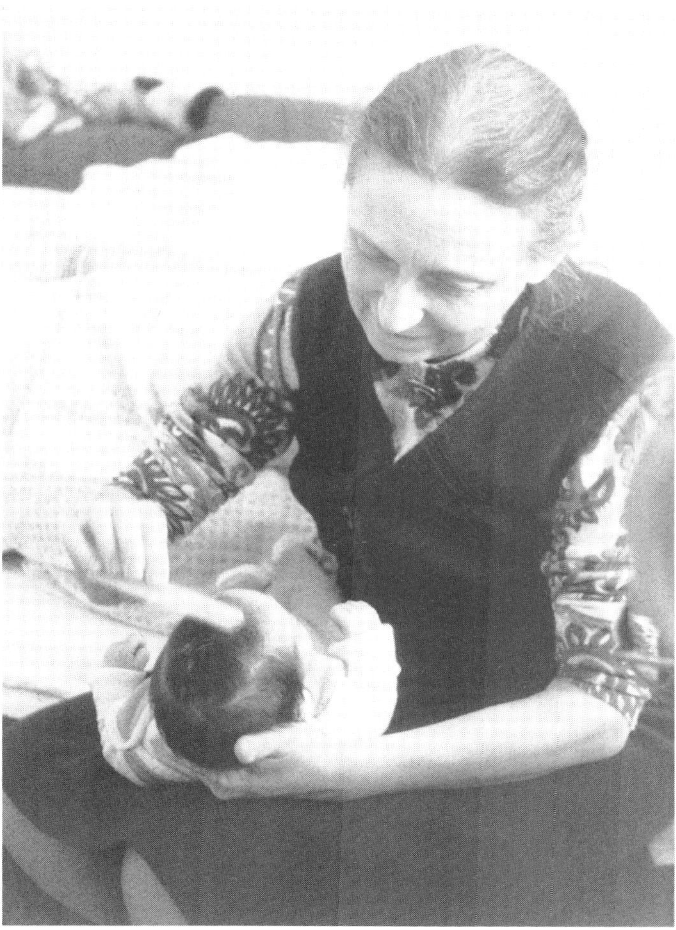

und dazu auffordern. Die *Kölner Wickelkommode* wünsche ich mir auch in allen Kölner Kinderhorten und Krankenhäusern. Es gibt sie in vier Versionen. Ein Ehrenfelder Schreiner hat die Version, die in der Oase steht, für mich gebaut und sie mir geschenkt.

Von der *Kölner Decke* gibt es zwei Versionen, eine ist von mir: Sie ist besonders geeignet für Frühgeburten. Wenn sie »eins rechts, eins links« gestrickt ist, kann sie auseinander gezogen werden und liegt sehr eng an – das Frühgeborene liebt ja die Enge. Der Kommentar einer Mutter dazu: »Auch bei meinem zweiten Kind hat mir die Decke gute Dienste erwiesen. Das Kind, darin eingeschlagen, schlief immer schnell ein.« Die zweite Decke, die ich bei einer Wöchnerin sah, ist ringsherum mit Seide eingefaßt. Die Frau hatte auf die Seide Blümchen gemalt und die Daten ihres Kindes: Geburtstag, -zeit, -gewicht, -größe. Und da heute Gott sei Dank viele Sachen in der Verwandtschaft und Bekanntschaft weitergegeben werden, konnten darauf mehrere Kinder »verewigt« werden. Kinder lieben Sachen, die davon erzählen, als sie klein waren, so klein wie das neugeborene Brüderchen, dem jetzt diese Decke gehört. Meine *Kölner Decke* tut auch gute Dienste als Kinderwagendecke.

Es scheint, als hätte die *Kölner Puppe*, wie ich sie mir vorstelle, ausgedient. Nachdem die Bauchlage in Mißkredit geraten ist, wurde die Seitlage propagiert. Ich habe mir vorgestellt, daß hinter das in eine Decke eingeschlagene Kind eine Puppe – ein mit Wolle gefüllter Schlauch, dessen Kopf, Arme und Beine angebunden sind – zur Stabilisierung der Seitlage gelegt würde. Mit langen Wollhaaren, die man über den Kinderkopf legt. Das könnte dann ein Einschlafritual sein, wenn die Mutter sagt: »Susi liegt hinter dir und geht jetzt auch schlafen.«

Ich persönlich würde mein Kind nicht vor der achten Woche auf den Rücken legen, auch wenn das heute in einigen Krankenhäusern gefordert wird. Dafür habe ich gute Gründe: Zweimal habe ich erlebt, daß ein Neugeborenes, das auf dem Rücken lag, beinahe erstickt wäre. Meine Kollegin Frau Plonka und ich waren uns darin einig, und wir haben zusammen über

15000 Kinder betreut. Die englische Studie, die die Rückenlage propagiert, hat 10000 Kinder beobachtet.

Alle meine »Erfindungen« sollen der Mutter Arbeit ersparen, ihr ermöglichen, auch ihren Haushalt noch zu schaffen und die natürlichen Bedürfnisse des Kindes nach Zuwendung und Kontakt befriedigen. Wie oft höre ich: »Ich komme zu nichts mehr!« In der Frühwochenbettzeit ist es sowieso ein Full-Time-Job, das Kind an die Brust zu bringen und zu ernähren. Alles andere ist erst einmal Nebensache. (Ich rate den Schwangeren, die ich betreue, immer, in den letzten Wochen vor der Geburt doppelte Portionen zu kochen und die Hälfte einzufrieren, so daß die Zubereitung der Mahlzeiten im Wochenbett für die übrige Familie zuerst entfällt.)

Hausgeburten gestern und heute

Gestern: Der erste Zwilling ist da und versorgt. Die Hebamme sitzt neben dem Bett der Kreißenden, wartet auf erneute Wehen, und das zweite Kind, als plötzlich die Mutter aufspringt und unwillig auf Kölsch zur Hebamme sagt: »Joht mer us de Föös, leev Frau, ihr sit mer im Wäch, de Pänz müsse en de Schol un minge Mann zur Arbeed, ech muß Botterramme schmerre, ech roofe üch schon wedder, wenn dat zweite kütt.« (»Gehen Sie mir aus den Füßen, liebe Frau, Sie sind mir im Weg. Die Kinder müssen in die Schule und mein Mann zur Arbeit, ich muß Butterbrote schmieren. Ich rufe Sie schon wieder, wenn das zweite kommt.«)

Diese Geschichte ist wahr. Sie wurde mir von einer alten Kollegin erzählt, von Frau Gertrud Dreiser. Selbstverständlich ist die Hebamme nicht gegangen, bis das zweite Kind da war, obwohl die Kreißende sie daraufhin mit bitterbösen Blicken bedachte.

Verschleppte Querlagen, einen aus der Scheide heraushängenden kindlichen Arm hatten fast alle meine alten Kolleginnen ein- oder zweimal in dem halben Jahrhundert ihrer Praxis erlebt. Vielgebärende waren häufig (deren Gebärmutter und Bauchdecke oft überdehnt war, denn wer machte schon Wochenbett- und Rückbildungsgymnastik?) und Hausgeburten die Regel. Unwissen und Unverstand führten zu schlimmen Vorkommnissen. Dann mußte die Hebamme schnell handeln, wenn Mutter und Kind überhaupt noch zu retten waren.

Keine Erhebung über Hausgeburten, keine Statistik von heute hat für mich den Wert wie eine Arbeit von Prof. Anselmino, dem früheren Chef der Landesfrauenklinik in Wuppertal-Elberfeld, der vor etwa dreißig Jahren feststellte, daß nach den großen Kliniken, den Universitätskliniken, die Hausgeburtshilfe bezüglich Sterblichkeit und Erkrankungshäufigkeit von Mutter und Kind am besten abschnitt, obwohl beide der »Schlammfang« der Geburtshilfe waren: Es gab kaum eine Hausgeburt zur damaligen Zeit, die heute nicht unter den Begriff Risikogeburt fallen würde! Die Sterblichkeit von Mutter und Kind stieg an, je kleiner die Krankenhäuser und je schlechter deren Betreuungsmöglichkeiten waren. Diese Studie ist nie widerlegt worden. Die Regierung von Nordrhein-Westfalen reagierte darauf, indem sie die kleineren Geburtshilfeabteilungen schloß. Ob sie es dann übertrieben hat, steht auf einem anderen Blatt. Zu lange Anfahrtswege etwa können in einer Geburtssituation auch problematisch sein.

Kein Fortschritt in der Geburtshilfe ist ohne die unermüdliche Arbeit der Hebammen denkbar. Dies gilt auch für den Rückgang der mütterlichen und kindlichen Sterblichkeit – das Ziel meiner Hebammengeneration.

In diesem Zusammenhang muß ich an die Bemerkung eines Arztes vor etwa zehn Jahren denken. Ich erzählte ihm – ich hatte ihn zum Nähen des Dammrisses gerufen –, daß das Neugeborene der Urenkel einer alten, geschätzten Kollegin sei. Der Urenkel von Frau Zerlett, die bei etwa 5000 Geburten Beistand geleistet hatte und deren ganzer Stolz es war, daß sie in all den Jahren keine Mutter bei und nach der Geburt verloren hatte. Frau Zerlett hatte elf Kinder und einen kranken Mann. Der Arzt hatte wohl nicht richtig zugehört, anders kann ich mir seine Antwort nicht erklären, denn er sagte: »5000 Geburten, ich habe 30000.« Ich war damals sprachlos.

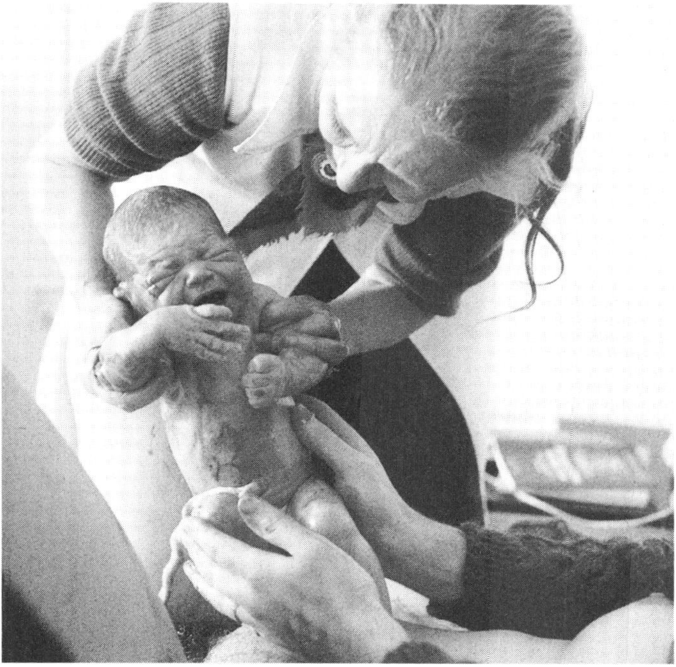

Wußte dieser Arzt nicht, daß die Hebamme bei der Kreißenden ausharren mußte, auch wenn die Geburt dreißig oder mehr Stunden dauerte? Daß sie auch nach der Geburt oft eine Tag- oder Nachtwache übernahm, bis sie beruhigt nach Hause gehen konnte, weil die Gefahr einer Nachblutung nicht mehr bestand? Es gab eine Menge guter ärztlicher Geburtshelfer, die man bei einer Geburt dazurufen konnte, sie konnten jedoch nicht dabeibleiben. Hebamme sein bedeutete früher ein Maß an Mühe und Sorge, wie wir es uns heute nicht mehr vorstellen können. Dieser Arzt kann sich nie mit dem Beruf der Hebamme auseinandergesetzt haben. Anders Prof. Dr. Fritz

Werner, zuletzt Präsident des Bundesverwaltungsgerichts, der 1957 vor niedersächsischen Hebammen einen Vortrag hielt. Darin sagte er unter anderem:

»Es bedarf keiner großen Phantasie, um zu erkennen, daß die Hebamme in einem menschlichen Bereich tätig wird, der in dieser Dichte nur wenigen Berufen zugänglich ist. Freude und Leid der Mutterschaft, Glück und Lasten des Erbes, die Sorge unehelicher Mutterschaft, all das steht ausgesprochen und unausgesprochen neben den Handreichungen und Hilfeleistungen am Bett der Schwangeren.« Hier hatte ein Mann erkannt, welche seelischen Kräfte von einer Hebamme früher gefordert wurden: »Wer es in solchen Stunden ernst nimmt mit seinem Beruf, wird bis an die Grenzen dessen, was Menschen einander zu geben vermögen, in Anspruch genommen.«

Bis an die Grenze des Möglichen, was Menschen einander zu geben vermögen, wurden unsere alten Kolleginnen in Anspruch genommen und saßen dann, wie Frau Zerlett mit 94 Jahren, wenn ich sie besuchte, im Bett knüpfend, strickend, für halb Köln-Longerich Lumpenkostüme für Karneval nähend, weil sie nicht schlafen konnte. Sie hatten es verlernt. Die Geschichte dieser Frauen muß noch geschrieben werden.

1990 starb Anna Welsch, 95 Jahre. »Eine treue Dienerin Gottes, nach langen Jahren segensreicher Tätigkeit«, schrieben die Angehörigen in der Todesanzeige. Es stand nicht dabei, daß sie Hebamme gewesen war. Ich war traurig darüber. Denn als ich sie einmal fragte, was sie in ihrem Leben wieder so machen würde, wenn sie noch einmal geboren würde, antwortete sie ganz spontan: »Ich würde wieder Hebamme werden.« Das hat auch Frau Plonka öfter gesagt. Ihr Mann meinte dazu: »Ich würde meine Frau jederzeit wieder heiraten, aber nicht als Hebamme.«

Sie hatten es so schwer damals: Bei jedem Wetter mußten

sie raus. Das müssen wir zwar heute auch noch, aber dann steigen wir ins Auto. Wer hatte denn damals schon Telefon und den Komfort von heute? Bedingungen konnten sie keine stellen: Wenn sie in eine Wohnung kamen, mußten sie die dortigen Zustände so akzeptieren, wie sie waren. Ob etwa das Bett günstig stand, auf dem die Schwangere lag, wurden sie nicht gefragt. Die Beleuchtung war oft schlecht. Ihre Frauen hatten acht, zehn, 15 oder, wie ich es noch erlebt habe, 21 Kinder.

Wehenschwäche, das Übel der Mehrgebärenden, bedeutete schnelles, zielgerichtetes Handeln in der Nachgeburtsphase, meist Anwendung des Credeschen Handgriffs, das heißt mit der Hand von außen die Gebärmutter zu umfassen und ins Becken zu drücken, bis die Hand der Hebamme fast abgestorben und man in der Klinik war. Weinende Kinder mußten untergebracht werden. Gott sei Dank, wenn es dann hilfreiche Nachbarn gab. Der Mann in der Fabrik mußte benachrichtigt werden, all das war Aufgabe der Hebamme. Nicht immer erntete sie Dank. Vieles wurde einfach als selbstverständlich hingenommen.

Als die Hausgeburten nachließen und Hebammen entsprechend weniger zu tun hatten, lief der »Modellfall Köln« an. Sechs Jahre lang besuchten wir Hebammen Familien in sozialen Brennpunkten der Stadt und standen den Müttern dort mit Rat und Tat zur Seite. Initiatoren dieses Modellfalls in Köln waren unser damaliger Amtsarzt, Frauenarzt Dr. Merkl, und Kinderarzt Dr. Dr. Schneider vom Gesundheitsamt. Bezahlt wurde der Modellfall vom Land und von der Stadt. Für die Durchführung wurden wir Hebammen auserwählt, weil wir einen heißen Draht zu der ärmeren Bevölkerungsgruppe hatten. Denn zu Hause gebaren schließlich damals fast nur Frauen der unteren Bevölkerungsschichten. Bei der

Hausgeburt waren die »kleinen« Frauen Privatpatientinnen, weil sie die Hebammen für sich alleine hatten.

Vor einigen Jahren wollte ich Fräulein André, eine alte Kollegin, besuchen – Fräulein André hieß sie 84 Jahre ihres Lebens –, um sie zu ihren schönsten und schwersten Erlebnissen im Beruf zu befragen. Aber sie war eine Woche vorher beerdigt worden. Wieder war ihr Beruf in der Todesanzeige nicht erwähnt worden, etwas, das ich nicht verstehen konnte. Mir hatte sie einmal erzählt, auf wieviel Unverständnis sie als 19jährige bei ihrer Mutter gestoßen war, als sie von ihrem Wunsch sprach, Hebamme zu werden. Erst ihre Drohung, zur Direktion der Colonia-Versicherung zu gehen – ihr verstorbener Vater war Direktor dieser Versicherung gewesen –, um dort das Schulgeld zu erbitten, bewog ihre Mutter zuzustimmen. In besseren Kreisen wurde man eben nicht Hebamme. Sie hatte mir auch erzählt, daß sie in den letzten Jahren bei jeder Hausgeburt ein oder zwei Kilo an Gewicht verloren hatte – heute verstehe ich das.

Der am 29.11.1889 gegründete Kölner Hebammenverein hatte vierzig Jahre später 195 Mitglieder. Ich habe an den Versammlungen der Hebammen in den sechziger Jahren noch teilgenommen, bis sie schließlich mangels Beteiligung irgendwann einschliefen. Wir Hebammen hatten aber schon noch den Wunsch, uns weiterhin zu treffen. Deshalb veranstalteten wir noch jahrelang Weihnachtsfeiern für die alten Kolleginnen. Die Stadt ehrte alte Jubilarinnen, bis auch dies einschlief.

Da waren Fortbildungskurse, die Nachkurse für die Hebammen, die wir alle fünf Jahre an der Hebammenschule in Wuppertal-Elberfeld zu absolvieren hatten, für uns alte Karrengäule willkommene Gelegenheiten zum Verschnaufen und um Kolleginnen zu treffen, junge und alte, und bis spät in die Nacht von Hausgeburten zu erzählen.

In Iserlohn fanden die monatlichen Versammlungen in den fünfziger Jahren in einem Café statt. Mit dem Moped fuhr ich von Menden aus, wo wir damals wohnten, hin. Wir führten dort immer sehr offene Gespräche mit den anwesenden Ärzten. Zu einer Tasse Kaffee reichte mein Geld gerade, aber jedes Mal, ohne daß ich bestellt hatte, stand auch ein Stück Sahnetorte vor mir. Dazu hätte mein Geld nicht gereicht. Ich habe nie erfahren, von wem die Torte war. Die unbekannte Kollegin hatte das, was eine Hebamme vor allem auszeichnen muß, soziales Empfinden und Taktgefühl, Gespür dafür, wie es jemandem zumute ist, der rechnen muß oder ganz einfach arm ist.

Heute: Frau Meier war zehn Mal zur Vorsorgeuntersuchung beim Arzt. Ihr Arzt war zwar nicht begeistert, daß sie zu Hause entbinden wollte, aber medizinisch sprach nichts dagegen. Das Kind war nicht allzu groß, Frau Meier hatte an der Geburtsvorbereitung teilgenommen. Zweimal war sie – einmal mit ihrem Mann – in der Sprechstunde der Hebamme gewesen. Gemeinsam mit der Hebamme hatte man sich Gedanken gemacht, welches Krankenhaus man aufsuchen würde, wenn sich unter der Geburt Komplikationen ergeben sollten.

Die Hebamme hatte Frau Meier das Versprechen abgenommen, daß sie, wenn sie es für nötig hielt, unter der Geburt eine Klinik aufzusuchen, ihren Rat befolgen würde. Im Gespräch hatte die Hebamme einige Vorurteile gegen Kliniken ausgeräumt und der Frau versprochen, mit ihr zu fahren, falls eine Einweisung notwendig würde. Sie hatten auch besprochen, wann die Schwangere die Hebamme rufen sollte.

Frau Meier hatte zusätzlich zur Geburtsvorbereitung einen so genannten Rausschiebekurs mitgemacht, denn das Einüben des richtigen Verhaltens in der Austreibungsperiode fand die Hebamme sehr wichtig. Frau Meier hatte an diesem

Vormittagskurs, der immer den gleichen Inhalt hatte, dreimal teilgenommen. Natürlich erinnerte sich die Hebamme noch, daß sie jahrzehntelang Geburten geleitet hatte, ohne mit ihren Frauen das Hinausschieben des Kindes geübt zu haben. Aber heute bestand sie auf diesen zusätzlichen Kurs.

Die Geburt verlief gut. Keinen Augenblick war das Kind in Gefahr. Außer mit dem Hörrohr hörte die Hebamme hin und wieder auch über ein bis zwei Wehen mit einem Taschen-Sonycaid nach dem Kind.

Dreimal im letzten Jahr hatte sie so frühzeitig Gefahrensituationen schon in der Eröffnungsphase erkannt, als sich die Herztöne des Kindes verschlechterten. Dies führte nach sofortiger Einweisung in die Klinik erst zwei Stunden später zweimal zur Geburt durch Saugglocke und einmal zum Kaiserschnitt.

Sie hatte auch schon Frauen mit leichtem Preßdrang eingewiesen, weil sie nach dem Blasensprung bei dem Kind eine ungünstige Einstellung des Kopfes wie eine Vorderhauptslage oder eine hintere Strecklage feststellt hatte, was eine spontane Geburt schwieriger machte: Aufgrund des Kopfumfangs stand dann meist ein Dammschnitt an, der damals noch von einem Arzt genäht werden mußte. Bei Hausgeburten war es häufig schwierig, zum richtigen Zeitpunkt an einen Arzt zu kommen. Im Koffer hatte die Hebamme für all diese Fälle Berotec, ein Asthmamittel, das auch wehenhemmende Eigenschaften besaß.

Ich spreche an dieser Stelle natürlich von mir. Warum Berotec? Bei einer Vertretung in einem Krankenhaus sollte ich einmal morgens eine Kollegin ablösen. Ich hörte zunächst die Herztöne des Kindes bei einer gelagerten Kreißenden ab und stellte fest, daß sie verlangsamt waren. Die Kollegin, die ich ablösen sollte und darüber informierte, lief weg und kam mit einem Pfeifchen wieder, steckte es der Frau in den Mund, drückte darauf und ließ sie den ausströmenden Nebel einatmen. Ich war natürlich sehr interessiert zu erfahren, was das sei. Es war Parusisten, ein wehenhemmendes Mittel, daß die Kollegin einsetzte, um erst einmal die Wehen zu stoppen, die wahrscheinlich der Auslöser für die verlangsamten Herztöne waren. Gemeinsam mit dem Oberarzt verglich ich später die Waschzettel von Berotec und Parusisten und siehe da, es war auf den Punkt und Komma das gleiche Medikament: Es lindert Asthmaanfälle und beseitigt beziehungsweise hemmt Wehen. Ich befragte den damaligen Amtsarzt des Kölner Gesundheitsamtes Dr. Merkl, ob ich es beim Transport von Frauen unter der Geburt in die Klinik benutzen dürfe. Er gab mir die Erlaubnis und seitdem habe ich immer Berotec dabei.

Eine Hausgeburt heute kann aber auch anders aussehen: Bei der letzten Pflege an einem Dienstagnachmittag erhalte ich einen Anruf »Hier ist Frau M., ich kriege mein siebtes Kind und erreiche Frau Plonka nicht. Ich habe alle fünf Minuten Wehen.« Ich fahre schnurstracks zu ihr nach Köln-Worringen, finde Frau M. sitzend im Bett, mich anlächelnd. Ich lasse sie sich hinlegen und suche zunächst nach den Herztönen. Finde sie aber nicht da, wo sie gemeinhin sind. Bei der dicken Bauchdecke verständlich, denn Frau M. ist schwergewichtig. Als sie später aufstand, sah ich, daß sie auch sehr klein war. Als ich sie dann frage, wo sie die Bewegungen des Kindes gespürt habe, bekommt sie eine Wehe. Die Blase springt, viel grüngefärbtes Fruchtwasser spritzt bis zum Fußende des Bettes. Frau M. preßt, und sichtbar werden die Füße des Kindes. An einen Transport ins Krankenhaus ist jetzt nicht mehr zu denken. Ich veranlasse den Mann, den kinderärztlichen Notdienst der Kinderklinik anzurufen. Bei der nächsten Wehe wird das Kind bis zum Nabel geboren. Ich atme der Frau vor und muß mich stark bremsen, dem zappelnden Kind nicht zu Hilfe zu kommen. Als es sich dann streckt und nicht mehr zappelt, ist es für mich noch viel bedrohlicher. Mit schreckgeweiteten Augen schaut der Vater auf die Szene. Endlich werden die Schulterblätter sichtbar, die Entwicklung nach Bracht, der einfachsten Entwicklung der Steißlage, gelingt jedoch nicht. Ich komme dem Kind mit dem Veith-Smellieschen Handgriff zu Hilfe. Ich sauge es ab. Der kinderzärztliche Notdienst, der bald eintrifft, nimmt es auf meinen Wunsch hin mit, obwohl es fünfeinhalb Pfund wiegt. Ich halte das für wichtig, weil vier der sechs anderen Kinder der frisch Entbundenen Mumps haben.

Fünfmal besuche ich die Mutter im Wochenbett. Als ich sie dann dreimal nicht zu Hause antreffe, hinterlasse ich eine Nachricht im Briefkasten, daß ich wiederkomme, wenn das Kind zu Hause ist. Bei meinem Besuch 14 Tage später, ungerufen – das Kind ist längst wieder zu Hause –, komme ich nochmals auf die Geburt zu sprechen. Vor allem interessiert mich, warum Frau M. in der Schwangerschaft nicht zum Arzt gegangen war. Ich bekomme ganze Tiraden über schlechte Ärzte und schlechte Krankenhäuser zu hören und merke sehr bald, daß das schlechte Gewissen daraus spricht. Meine Kollegin Frau Plonka, die bei den letzten beiden Geburten von Frau M. Hilfe geleistet hatte, wußte nichts von der erneuten Schwangerschaft von Frau M. Nur beiläufig erwähnt Frau Plonka, daß das Sozialamt die Gebühren für die letzten beiden Geburten trotz Anmahnung noch immer nicht gezahlt hatte. Deshalb kein Mutterpaß, kein Hebammenbesuch, kein Arztbesuch in dieser Schwangerschaft!

Ich kenne Kolleginnen, die mir versichern, daß sie zu nicht angemeldeten Frauen, zu Frauen, die sie nicht kennen, nicht fahren. Wie hätte in diesem Fall die Geburt wohl im Kran-

kenwagen aus Fußlage geendet, ohne Hebamme oder fachkundigen Arzt? Ich frage mich oft, was alles passierte, wenn es keine freiberuflichen Hebammen mehr gäbe. Als in Schweden Ende der siebziger, Anfang der achtziger Jahre die Geburtshilfe in den Krankenhäusern zentralisiert wurde, fand jede zehnte Geburt im Auto statt. Ist das der ideale Ort, ein Kind zu gebären? Man überlegte, ob man nicht Taxifahrern Unterricht in Geburtshilfe geben könnte. Die DDR hatte ähnliche Pläne. Das ist kein Ausweg, das ist ein Irrweg. Vielmehr muß die Zusammenarbeit zwischen freiberuflichen

Hebammen und Krankenhaus wieder so werden, wie sie einmal war und in Köln ist.

1976 passierte einmal folgendes: Frau Schmidt erwartete ihr zehntes Kind. Drei Wochen vor der Geburt ruft sie mich aufgeregt an: »Ich blute, Frau Schlundt.«

»Wieviel?«

»Der halbe Eimer ist voll.«

»Frau Schmidt, ich schicke Ihnen den Krankenwagen, ich komme selbst aber auch. Ist der Krankenwagen vorher da, fahren Sie mit, warten Sie bitte nicht auf mich.«

Sie verspricht es zu tun. Ich rufe noch schnell das Heilig-Geist-Krankenhaus in Köln-Longerich an, gebe durch, um was es geht, fahre los und bin zehn Minuten später gleichzeitig mit dem Krankenwagen vor dem Haus in Bocklemünd. Wiederum zehn Minuten später sind wir im Krankenhaus, wo Arzt und Hebamme uns schon am Eingang erwarten. In Eile geht es in den OP. Im Vorraum des OP wird dann spontan das Kind geboren. So stelle ich mir Geburtshilfe und die Zusammenarbeit mit den Krankenhäusern vor. Und so ist es in Köln heute wieder.

1985 hatte ich während einer Geburt einen Anruf. Wieder ging es um eine Blutung vor der Geburt. Ich kann die erste Kreißende verlassen, weil sie erst schwache Wehen hat. Bis zu der anderen Frau ist es nicht weit, ich fahre dorthin und stelle fest, daß es nicht unbedingt sehr viel Blut ist, was abgeht, aber zu viel für eine Frau, die keine Wehen hat. Ich bringe sie in die Klinik. Das Team im Elisabeth-Krankenhaus in Köln-Hohenlind, grün gewandet, ist in OP-Bereitschaft. Die Frau wird gelagert, die Blase gesprengt. Das Fruchtwasser ist blutig, aber dem Kind geht es gut, und die Frau wird dauerüberwacht. Vier Stunden später zeigt das CTG, daß es dem Kind schlechter geht, die Operation zeigt eine Teilablösung der Plazenta. Ich befrage die Frau, was sie getan habe, bevor sie anfing zu bluten, und sie erzählt, daß sie kurz davor vom Atemtraining bei den Baghwans zurückgekommen war. Sie habe anderthalb Stunden lang Atemübungen für die Geburt gemacht. Keine Bauchatmung! Ich habe Wut im Bauch, weil ich mich frage, wer sich noch alles erdreistet, Schwangere auf die Geburt vorzubereiten.

In einem anderen Fall hat einmal eine Türkin alleine entbunden. Ein Arzt, der im gleichen Hochhaus eine Praxis besaß, hatte hinterher Hilfe geleistet. Er hatte darauf bestanden, daß eine Hebamme die weitere Versorgung übernahm, das war dann ich. Die Nachgeburt bekam ich nicht mehr zu sehen. Der Nabelschnurrest war wohl mit einem Skalpell abgetrennt worden, und ich war froh, daß das Kind aus anderen Gründen dann ins Krankenhaus verlegt wurde, weil ich nicht sehr glücklich über die Abheilung des Nabels war. Der Kinderarzt befürwortete die Einweisung aus sozialer Indikation. Er wußte, daß die Mutter Zeit brauchte, sich mit der Tatsache zu befreunden, daß sie ein drittes Mädchen geboren hatte. Die Mutter stillte nicht. Das Kind war gelb. Es war Glatteis, kein Arzt fuhr nach Köln-Mechernich raus, die Leute hatten weder Auto noch Telefon und wohnten im 13. Stock. Gut für den Kreislauf der Hebamme! Man glaubt nicht, wie viel Mühe und Zeit und zusätzliche Wege es macht, in einem solchen Fall alles zum Wohle von Mutter und Kind zu ordnen.

Im selben Hochhausghetto in einem Randbezirk von Köln, aber noch zu Köln gehörend, hatte einmal eine andere Türkin allein entbunden. Es war morgens früh, wieder glatt und kalt. Als ich bei der Frau ankam, bot sich mir im Schlafzimmer ein gespenstisches Bild: Das Kind war geboren und mit Strumpfwolle abgenabelt. Bei Licht besehen erschien es jedoch rosig und frisch. Die Mutter kniete auf dem Boden, eine Blutlache zwischen den Beinen, stöhnte und versuchte, sich die Nachgeburt herauszukneten. Jeder Geburtshelfer weiß, was dabei passieren kann: Die Plazenta kann sich unvollständig lösen, es kann zu einer schlimmen Blutung kommen.

Eine andere Geschichte: Ich werde von der Arztnotrufzentrale gerufen. Eine Frau habe schon geboren, und ich solle kommen. Ich finde ein unterernährtes Kind vor, eingewickelt in ein Bettuch. Seine Augen sind weit aufgerissen. Es guckt irgendwie ängstlich drein. Sonst geht es ihm gut. Gemeinsam mit dem Arzt besichtige ich die Nachgeburt. Der Arzt gibt zu, bei der Nachgeburt ein bißchen nachgeholfen zu haben, indem er an der Nabelschnur gezogen hatte. Die Nachgeburt ist mir suspekt, und wir fahren deshalb Mutter, Kind und Nachgeburt ins Krankenhaus. Ich frage nach dem Mutterpaß und erfahre, daß die Frau bis eine Stunde vor der Geburt nicht gewußt hatte, daß sie schwanger war. Der Notarzt war wegen unklarer Bauchbeschwerden gerufen worden, erkannte aber schon bald, obwohl die Frau sehr korpulent war, daß es sich um eine Geburt handelte. Anschließend ging mir eine ganze Woche lang während der Fahrten durch Köln der Gedanke nicht aus dem Kopf, wie ein Kind im Mutterleib gedeihen kann, dessen Mutter neun Monate lang keinen Gedanken an es verschwendet, weil sie, und das glaube ich ihr, nicht weiß, daß sie ein Kind erwartet.

Ich besuchte die Mutter nach der Krankenhausentlassung am sechsten Tag noch sechs Mal und sah mit großer Freude, wie zärtlich sie mit ihrem Kind umging. Sie hatte es eigentlich immer nur an ihrer sehr großen, sehr weichen und sehr ergiebigen Brust. Ich war bald überzeugt, daß dieses Kind schon vieles nachgeholt hatte, dadurch, daß die Mutter es stillte und das Krankenhaus das Stillen in Gang gebracht hatte. Ich habe übrigens nie einen glücklicheren und stolzeren Vater gesehen.

Ich bin beeindruckt von der Ernsthaftigkeit vieler junger Kolleginnen, die ich kennengelernt habe. Ich hatte einmal zwei Hebammenschülerinnen aus Marburg eine Woche zum Externat. Und ich hoffe, daß sie den rechten Eindruck von der Arbeit einer freien Hebamme bekommen haben, wenn ich ihnen auch in dieser Woche keine Hausgeburten bieten konnte. Es war ein Erlebnis für mich, zwei angehende Kolleginnen im Auto sitzen zu haben, und nach dem gemeinsamen Wochenbesuch gleich alles brühwarm mit ihnen besprechen zu können. Sie haben wie Frau Plonka und ich erst mit 29 Jahren eine dreijährige Ausbildung zur Hebamme gemacht, und ich hoffe von Herzen, daß auch sie dieses unbeschreibliche Gefühl kennenlernen: Nach einer glücklichen Geburt morgens um fünf nach Hause zu fahren, die Wagenfenster heruntergedreht, um die frische Luft zu atmen und dem Gesang der Vögel zu lauschen. Zwar müde und erschöpft, aber unsagbar glücklich.

Möge allen Kindern, bei deren Geburt wir helfen durften, möge ihren Müttern und Vätern und ihren Geschwistern ein langes, gesundes und vor allem ein friedvolles Leben beschieden sein.

Frühchen: »Der Junge paßte in eine Zigarrenkiste ...«

Ich erinnere mich, daß ich einmal nach Köln-Bickendorf zu einer Geburt gerufen wurde. Die Frau erwartete ihr sechzehntes Kind. Es kam zu früh. Als ich bei der Familie ankam, war das Kind schon geboren und lag tot zwischen den Beinen der Mutter. Ganz untröstlich war der Vater, daran erinnere ich mich gut. Er machte der Mutter Vorwürfe, die aber nicht berechtigt waren. Von der Zahl der Kinder auf die Trauer zu schließen, ist eine Floskel, die bei dieser Gelegenheit immer zu hören und gut gemeint war. Oder auch Sätze wie »Du bist doch noch jung, Du kannst noch viele Kinder kriegen.«

Ich bin von jungen Hebammen oft gefragt worden, was ich gemacht habe, wenn ich in einer solchen Situation dabei war. Das verstand ich nicht, denn so, wie ich die Freude der Eltern bei einer guten Geburt teilte, so teilte ich in solchen Fällen die Trauer mit ihnen, umarmte sie und weinte mit ihnen. Im Wochenbett kamen wir immer wieder auf das Geschehen zu sprechen, und das war eine wirkliche Hilfe für die Frauen. Manchmal wunderten sie sich, wenn ich sagte: »Ich komme jetzt noch zehn Tage lang nach Ihnen sehen.« Schließlich waren die Frauen ja Wöchnerinnen, und es mußte unter anderem der Milcheinschuß verhindert werden.

Ich wurde in der Oase öfter von Paaren aufgesucht, bei denen die Untersuchung beim Frauenarzt ergeben hatte, daß das Kind abgestorben war. Sie kamen dann in die Oase, bevor sie ins Krankenhaus fuhren. Öfter bin ich mitgefahren und während der Geburt bei ihnen geblieben. Kleine Früchte, die nicht meldepflichtig waren, habe ich mit nach Hause genommen und in meinem Garten an einer Mauer begraben. Dabei hatte ich immer ein sehr gutes Gefühl, und es bedeutete den Eltern sehr viel. Im folgenden Frühjahr blühten an der Stelle Blumen.

Wenn in dem Barackenkrankenhaus in Wimbern bei Neheim-Hüsten, wo ich Mitte der fünfziger Jahre Beleghebamme war, ein Kind zu früh geboren wurde, war immer die Frage, wer mit dem Kind nach Dortmund in das zwanzig Kilometer entfernte Kinderkrankenhaus fährt und ob sich überhaupt der ganze Aufwand lohnt. Vielleicht würde das Kind ja vorher sterben, wie das davor auch. Ich habe immer alles dafür getan, jedem Kind, das lebend geboren wurde, eine Chance zu geben. Des öfteren habe ich später die abgepumpte Milch der Mutter mit einem Fahrer ins Krankenhaus zu dem Kind transportiert, manchmal auch selbst mit meinem Moped. Ob es im Winter glatt war oder ob es Sommer war, das durfte keine Rolle spielen. Und ich war immer ganz mächtig froh, wenn ich im Krankenhaus in Wimbern erzählen konnte, daß es dem Kind besser gehe und daß es bald nach Hause könne. Es war eigentlich leicht, bei den Ärzten durchzusetzen, daß die Frühchen verlegt wurden, wenn man eben bereit war mitzufahren. Diesen Kindern blieb ich immer verbunden.

In Köln besuche ich die Mütter, die wegen drohender Frühgeburt im Krankenhaus liegen, und mache ihnen Mut. Ich gratuliere ihnen, wenn wieder eine Woche geschafft ist, und besonders, wenn sie die 30. Schwangerschaftswoche erreicht haben. Immer mehr Frauen, denen eine Frühgeburt droht, halten mit meinem Kölner Wehensong und Entspannungsmusik ohne Tabletten fast bis zum Geburtstermin zu Hause aus.

Vor drei Jahren habe ich ein Kind betreut, das bei der Geburt

670 Gramm wog. Es war in Freiburg geboren worden und kam nach Köln, nachdem es sechzehn Wochen im Krankenhaus gewesen war. Es lag in einer kleinen Hängematte, die man ihm von Freiburg mitgegeben hatte und gedieh gut. Die Mutter stillte es und ich sagte ihr, was sie zufüttern und wie sie die Muttermilch langsam ersetzen könnte, als die Milchproduktion bei ihr nachließ. Dann kam ich einmal zu den beiden und stellte fest, daß das kleine Kind eine Nahrung bekam, die ihm bestimmt auf Dauer nicht bekommen wäre. Beim Einkaufen in Dormagen hatte die Mutter die empfohlene Nahrung nicht bekommen können, und man hatte ihr eine Alternative mit den Worten verkauft: »Probieren Sie die, die ist genauso gut!« (Ja, für Achtpfünder vielleicht!) Ich brachte ihr noch am Abend vorsichtshalber ein Paket der richtigen Pré-Milch aus Köln hin.

Die Frühgeburten-Prophylaxe ist noch immer ein weites Feld. Man könnte 25 Prozent der Frühgeburten, die durch Scheidenkeime ausgelöst werden, durch eine einfach zu praktizierende Untersuchung des Scheidenmilieus vermeiden. Prof. Saling aus Berlin hat einen praktikablen Weg aufzeigt, diese Fälle rechtzeitig zu erkennen und zu behandeln. Diese Behandlung ist im übrigen von den Frauen selbst durchzuführen. Einmal habe ich gerechnet: Ein Tag Frühgeburtenintensivpflege kostete die Krankenkasse 2001 1390 Mark. Wenn man also einhundert Frühgeburten verhinderte, hätte man pro Tag 139000 Mark gespart. Bei 1000 Frühgeburten 1390000 Mark. Die Miete der Oase kostet im Monat 1380 Mark mit Nebenkosten, und ich könnte dort helfen, etlichen Säuglingen und ihren Familien das Schicksal »Frühgeburt« zu ersparen.

Ich sehe Wege, die Winzlinge auch durch die Haptonomie vom Muttermund wegzulocken und dieses Locken auch dem Vater beizubringen. Eine zusätzliche Therapie bei Schwäche des Muttermundes ist die Hochlagerung des Beckens der Mutter durch einen einfachen Keil. Die letzten drei Kinder einer Frau, die zehn Kinder und davon neun Frühgeburten hatte, habe ich so fast bis drei Wochen vor den Geburtstermin gebracht. Und daß diese Winzlinge, die aus der Gebärmutter wie aus einer Oase in die Wüste ausgesetzt wurden, zwar durch die Känguruh-Methode stundenweise den nötigen Hautkontakt genießen können, in kleinen Hängematten in den Inkubatoren sich selber durch Schreien schaukeln, endlich auch so gelagert werden, daß sie Begrenzungen erfahren und von den Eltern gestreichelt sowie durch die runden Löcher in den Inkubatoren berührt werden können, enthebt uns nicht der Verantwortung, nach weiteren Wegen zu suchen, ihnen dieses Schicksal zu ersparen. Man glaubt nicht, wie oft ich vor fünfzig Jahren Großmütter gehört habe, die erzählten: »Der Jung' paßte in eine Zigarrenkiste und wir haben ihn im Backofen aufgezogen.« Da es inzwischen einen Club Zigarren rauchender Frauen in Köln gibt, der sich für caritative Aufgaben stark machen will, sei dieses Anliegen an ihn weitergegeben.

»Mein Kind macht die Augen nicht auf!«

Drei Mal besuchte ich eine türkische Familie mit einem Neugeborenen nach der Krankenhausentlassung. Wie immer sagte ich am letzten Tag: »Rufen Sie mich an, wenn Ihnen irgend etwas Sorgen macht, dann komme ich, und das bezahlt auch die Krankenkasse.« Das muß man den Frauen so übermitteln – und ich merke jedes Mal, wie erleichtert sie dann sind. Zwei oder drei Tage später rief die Mutter an und sagte mir aufgeregt: »Fatima macht die Augen nicht auf!«

Mir war bei den Besuchen nichts aufgefallen! Ich fuhr natürlich sofort hin, und tatsächlich, das Kind war wach und hatte die Lider nur ganz wenig geöffnet. Nach einem Besuch beim Kinderarzt, den ich sofort vorschlug, wurde es in der Augenklinik untersucht, die so etwas bei einem Säugling auch noch nicht erlebt hatte. Ich machte noch etliche Besuche und öffnete dem Kind immer wieder für Minuten die Lider, auch die Mutter und die Großmutter machten das mehrmals am Tag. Das Kind wurde dann operiert. Danach konnte es die Augen besser öffnen, vor allem das Linke, es wirkte aber immer noch wie ein Kind kurz vor dem Einschlafen. Ich erinnere mich noch an die Familienfeier, ähnlich unserer Taufe, bei der die Familie und die Gäste sehr bedrückt waren.

Das Kind sollte mit vier Jahren nochmals operiert werden. Wie sich die Krankengeschichte weiter entwickelte, weiß ich nicht, denn die Familie baute ein Haus, verzog und die Wohnungsgesellschaft konnte mir nicht sagen, wohin sie gezogen war.

In diesem Fall ist sicherlich der Geburtsbericht wichtig. Bis heute weiß ich nicht, ob ich dabei auf der richtigen Fährte bin. Die Frau erzählte, daß ihre Hebamme sich beim Schichtwechsel mit den Worten verabschiedet hatte: »Sie haben es bald! Ich kann es schon sehen, es hat schwarze Haare, aber ich muß heute pünktlich zu Hause sein, ich kriege neue Möbel, sonst würde ich gerne dableiben.«

Das Kind wurde erst zwei Stunden später geboren, und wenn die Frau unter der Wehe schrie, dann kam die Hebamme, schimpfte mit ihr und sagte: »Warum schreien Sie denn so, ich habe noch zu tun.« Bis die Frau dann so laut schrie, daß die Hebamme schließlich blieb und das Kind mit einer Wehe geboren wurde.

Die Eltern haben auf meine Bitte hin den Geburtsbericht angefordert: zwei Stunden »Status Idem«. Das Kind hatte also zwei Stunden auf den Beckenboden gedrückt. Kann eine Lähmung der Augenlider nicht dadurch entstanden sein? Eine Frage, die mich bis heute nicht losläßt und die ich oft schon Ärzten und Kolleginnen gestellt habe.

Schlundt an Schlund

Erster Fall: Frau A. hat sich schon frühzeitig in der Schwangerschaft zur Hausgeburt angemeldet. Es ist ihr zweites Kind, und ich erfahre von ihrem Kinderarzt, daß er noch nie ein so inniges Verhältnis zwischen Mutter und einem neunjährigen Jungen erlebt habe. Von Frau A. erfahre ich nur, daß ihr neuer Partner sich leider nicht gut mit ihrem Kind versteht. Das ist ihr Kummer und bleibt es auch.

Im fünften oder sechsten Monat klingele ich um zehn Uhr vormittags, von einer Geburt in der Nähe kommend, bei ihr. Ich hatte sie aufgeweckt, sie macht mir im Nachthemd die Türe auf. Sie hat dicke Ödeme, und auch ihr Blutdruck ist erhöht. Sie verbringt dann Wochen in Herdecke, einer anthroposophischen Klinik im Ruhrgebiet. Als sie zurück ist, frage ich sie, wie man sie behandelt habe, und sie sagt, sie hätte Scharfgarbentee trinken müssen. Mehr ist nicht zu erfahren. Dann, Wochen später, erzählte mein Mann, sie sei mit einer Freundin bei uns gewesen, und beide hätten um eine Tasse Kaffee gebeten. Mein Mann, ansonsten sehr gastfreundlich, hatte aber ihren Wunsch nicht erfüllt, weil er von ihrem hohen Blutdruck wußte.

Bei einem weiteren Besuch bei ihr stellte ich eine Steißlage des Kindes fest. Einmal, als ich verhindert war, sah eine Kollegin nach ihr und sagte, sie habe sie mit leichten Wehen in die Klinik geschickt. Ich bat die Kollegin inständig darum, ihr in die Klinik nachzufahren, so wie ich das bei meinen Frauen immer getan habe. Das Kind drehte sich dann doch noch ohne Manipulation, und als sich die Frau am Termin mit Wehen bei mir anmeldete, war ich wieder bei einer anderen Geburt und nicht abkömmlich.

Dort waren wir drei Hebammen: Die Gebärende war Hebamme, eine Freundin, eine Hebamme ohne Niederlassungserlaubnis, wollte ihr beistehen und ich hatte die Oberaufsicht. Die beiden Freundinnen hatten sich in die Hand versprochen, nicht zu schneiden. Und als dann der Kopf sichtbar wurde und es nicht weiter ging und der Damm über eine halbe Stunde lang zum äußersten angespannt war, habe ich einfach geschnitten, das heißt, einen so genannten Entlastungsschnitt gemacht, denn ich denke, so ein überdehnter Damm ist längst nicht mehr innerlich heile. Man hatte auch nicht so oft nach den Herztönen gehört, wie ich gewöhnt war, auch das war ein Grund zum Schneiden. Aber das nur nebenbei. Nach dieser Geburt war ich geschafft, und da ich Frau A. gut im Krankenhaus untergebracht wußte, beschloß ich, erst einmal zu schlafen.

Morgens um fünf Uhr wurde ich geweckt. Schwester Assumpta vom Hildegardis-Krankenhaus, Nonne und Hebamme, rief an und fragte nach den Angehörigen von Frau A. Sie war nach der Geburt ihres Kindes eben gestorben. Sie hatte im Krankenhaus kurz vor der Geburt furchtbare Ängste gehabt und ihren Partner zum Auto geschickt, japanisches Heilpflanzenöl zu holen, aber als er wiederkam, war sie schon tot. Alle waren schockiert! Die Autopsie ergab eine Fruchtwasserembolie, das heißt, Fruchtwasser war in die Lunge gedrungen, was äußerst selten vorkommt.

Dies ist ein schicksalhafter Verlauf einer Geburt, hätte man dies auch so gesehen, wenn Frau A. zu Hause geboren hätte, Herr Schlund?

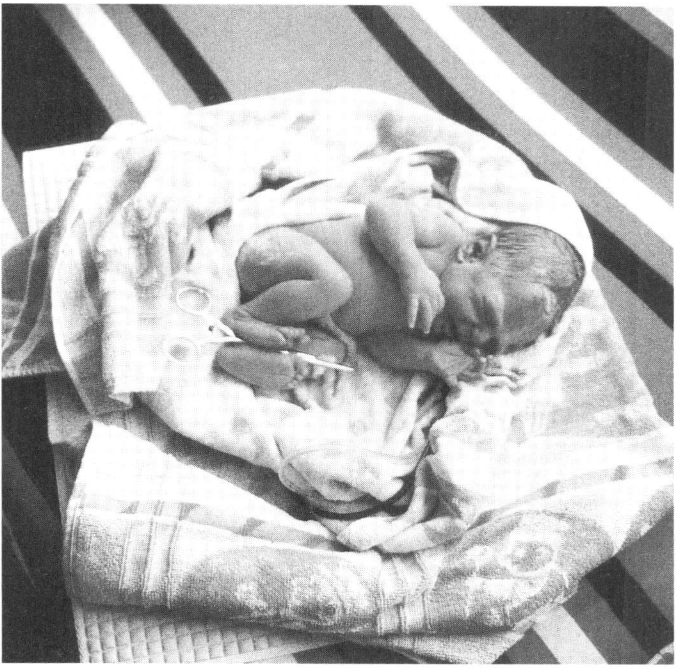

Ein Neugeborenes voller Käseschmiere mit frisch durchtrennter Nabelschnur.

Drei Jahre später klingelte es an der Oase, und der Vater und die kleine Rebecca, die Tochter der Verstorbenen, standen vor der Tür. Sie kamen eben aus Indien zurück. Das Jugendamt hatte dem Vater erlaubt, mit dem einjährigen Kind einige Zeit in Indien zu leben. Soweit ich es beurteilen konnte, kamen die beiden sehr gut miteinander aus. Das ältere Kind wuchs bei den Großeltern auf.

Zweiter Fall: Die Familie H. plante eine ambulante Geburt im Krankenhaus. An dem Tag, an dem Frau H. am Vormittag entbunden hatte, fuhr ich am frühen Nachmittag ins Krankenhaus, um sie abzuholen. Aber sie sagte: »Frau Schlundt, ich gehe erst morgen nach Hause, ich bleibe lieber doch noch eine Nacht hier.« Von einer meiner Frauen, die zu der Zeit im Kreißsaal lag, wurde mir später erzählt, daß sie Zeugin gewesen war, als am Abend die Kinderschwester schreiend mit dem toten Säugling der Frau H. in den Kreißsaal gelaufen gekommen war. Plötzlicher Kindstod!

Dafür kann niemand etwas. Wie wäre das Urteil gewesen, wenn das Kind zu Hause nach der ambulanten Geburt gestorben wäre, Herr Schlund? Wäre es überhaupt gestorben?

Gerhard Schlund war ein Richter a. D., der in einer Publikation forderte, Hausgeburten zu verbieten, da sie kriminell seien.

Wechseljahre

Bei einem Wochenbesuch platzte ich in eine feucht-fröhliche Fete. »Was feiert ihr denn?« fragte ich. »Die Wechseljahre«, antwortete man mir im Chor. »Jürgen wird 21.«

Die Mutter von Jürgen war 53, als er sich anmeldete, das heißt, ihre Regel ausblieb und sie dachte, sie sei in den Wechseljahren.

Ich habe die Erfahrung gemacht, daß so späte Kinder sehr oft das Glück ihrer Eltern sind.

Die älteste Mutter, die ich zu Hause entbunden habe, war 43 Jahre, und von Frau Plonka wußte ich, daß sie die Geburt einer 47jährigen übernommen hatte und die Geburt gut verlaufen war. Allerdings war die Mutter keine Erstgebärende gewesen. Auch Jürgen war das sechste Kind seiner Mutter.

Frau Plonka und ich, wir hatten beide keine Wechseljahrbeschwerden, das waren unsere schönsten Jahre.

Therese Schlundt mit ihrer sehr geschätzten Kollegin und Freundin Frau Monika Plonka, die ebenfalls in Köln tätig war und mehr als 9000 Kinder auf die Welt geholt hat.

Fünfmal Brüste

Es war an einem der heißen Maitage 2000. In der Linie 18 der Straßenbahn sitzt mir morgens ein Mann gegenüber, der den *Kölner Express* liest. Er scheint kurzsichtig zu sein, denn er hält sich die Zeitung dicht vor die Augen. So blicke ich auf die Rückseite der Zeitung und entdecke vier nackte Brustpaare. Später erzählt mir jemand dazu, ein Reporter habe auf dem Kölner Neumarkt junge Frauen angesprochen und sie gebeten, das T-Shirt zu lüften und den Busen zu zeigen. Lachend seien einige bereitwillig seiner Aufforderung gefolgt. Die Kampagne war vom Fernsehen initiiert worden und wurde abends auch dort gezeigt. Ich bin merkwürdig berührt.

Ich steige aus und steuere das Domforum an, ein Veranstaltungszentrum direkt dem Dom gegenüber. Auf dem letzten Steinquader neben dem kleinen Brunnen von Matare sitzt eine Frau mit einem Kind im Arm. Daß sie stillt, merke ich erst, als ich nahe an den beiden vorbei gehe und sie in diesem Augenblick eine Mullwindel über den Kopf des Kindes legt. Ich bleibe bei ihr stehen und frage, wie alt das Kind ist. Sie sagt, es sei vier Monate alt. Als ich weiterfrage, ob sie voll stillt, bejaht sie dies. Als Hebamme habe ich meine Freude an diesem Geschehen.

Es ist noch keine zehn Uhr. Die Drehtür des Domforums ist noch geschlossen, und ich folge einem älteren Ehepaar zum Haupteingang. Die Frau schimpft lauthals: »So eine Unverschämtheit von den jungen Frauen heute!«

Ich mische mich ein, weil ich weiß, daß sie die junge Mutter meint, und sage: »Das Kind hatte Hunger. Ich verstehe Sie nicht.«

»Dann setzt man sich nicht hierhin«, war die Antwort. »Meine Töchter waren genauso. Immer hatten sie ihre Kinder an der Brust. Sie ließen sich auch nichts sagen.«

Ihre Stimme war voller Haß. Ich muß mich beruhigen und gehe ins Domforum. Ich blättere in den am runden Tisch ausliegenden gebundenen Broschüren. In dem Heftchen über das Domchorgestühl finde ich die Abbildung eines Schnitzwerks, die mich schockiert: Eine junge Frau reicht einem alten Mann, einem Greis, die Brust. Daß die junge Frau dabei lächelt, merke ich erst am nächsten Tag, als ich das Bild immer wieder betrachte. Ich lese, daß das Bildnis Pero darstellt, die ihrem im Gefängnis hungernden Vater die Brust reicht und ihm so das Leben rettet, und daß diese Szene die Caritas versinnbildlichen soll.

Ich kann im Domforum oder sonst nirgends etwas über Pero erfahren. Nur eine der Frauen des Domforums, eine Historikerin, weiß zu erzählen, daß es früher üblich war, den Schwerkranken und Sterbenden die Brust zu geben.

Im Internet werde ich dank Monika Krause fündig: Der römische Schriftsteller Valerius Maximus schrieb im Jahr 30 n. Chr. in seinem fünfbändigen Werk über ungewöhnliche Ereignisse der Weltgeschichte. Im vierten Kapitel des fünften Bandes schildert er Begebenheiten der Eltern-, Geschwister- und Vaterlandsliebe, darunter auch die besondere Situation Cimons und Peros. Der Vater von Pero war ein Philosoph oder Seher, der zum Tode durch Verhungern verurteilt worden war. Im Kerker durfte er den Besuch seiner Tochter empfangen, die ihn heimlich stillte. Er blieb auf diese Weise am Leben.

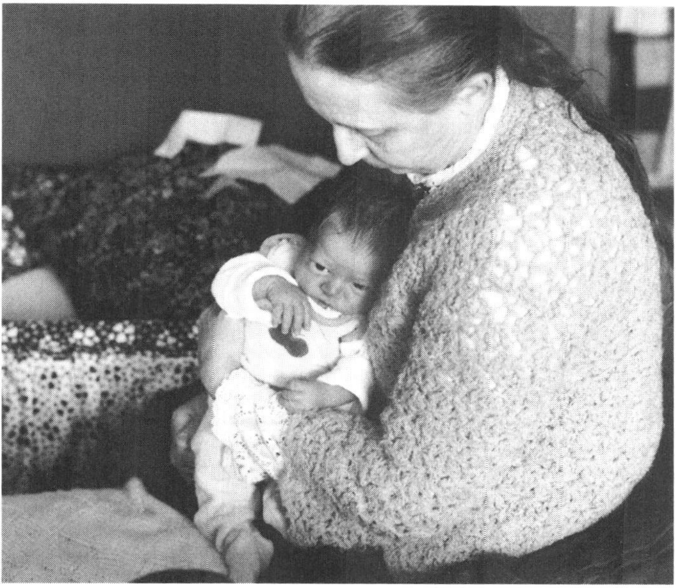

Es kam heraus, warum er nicht starb. Die Wärter berichteten dem Richter von der rührenden Sorge der Tochter um ihrem Vater, der – ebenfalls gerührt von soviel töchterlicher Liebe und Barmherzigkeit – den alten Mann begnadigte.

Rubens hat allein drei Gemälde mit diesem Motiv geschaffen. Insgesamt gibt es 26 Gemälde davon. Häufig schläft Peros Kind zu ihren Füßen. Der Säugling braucht nichts zu entbehren, denn die Brust produziert mehr, je mehr sie durchs Saugen angeregt wird. Sie ist eine unerschöpfliche Quelle.

Brüste – echte oder Plastikkarikaturen davon – konnte man en masse beim Cristopher-Street-Day sehen. In meinen Augen ist dies eine Verhöhnung dieses Leben spendenden Organs und damit ihres Schöpfers.

Auf dem Titelbild der Juliausgabe 2000 des Hebammenforums, der Zeitschrift des Bundes Deutscher Hebammen, sieht man den stark gerundeten Bauch einer Schwangeren. Auf ihrem Bauch ruhen schöne Brüste. Ein Kind wächst heran und für seine Nahrung ist gesorgt. Wie gut ist dies eingerichtet.

Meine Reise nach Dresden

Ich hatte mich mal wieder an einem Wettbewerb für eine Firmengründung beteiligt. Wie immer hatte meine Idee Beachtung gefunden, aber ich gehörte natürlich nicht zu den Preisträgern. Man hatte mich an einen Handwerksbetrieb weiterempfohlen, von dem ich aber dann – wie so oft – nichts hörte.

Alle kannten mich als die Alte mit dem handgeschriebenen Konzept. Um die Verbreitung meiner CD wollte man sich kümmern. Bei dem Stehempfang im Anschluß an die Preisverleihung gab man mir den Rat, doch zum Hebammenkongreß zu fahren, der Ende Mai in Dresden stattfand. Ich antwortete: »Daran habe ich auch schon gedacht, aber ich habe kein Geld.«

Ich habe als junge Hebamme jede Fortbildungsmöglichkeit wahrgenommen, aber auf einem internationalen oder nationalen Hebammenkongreß war ich noch nie gewesen.

Das Programm des Kongresses in Dresden hatte ich schon öfter durchgeblättert und traurig gedacht: »Die Teilnahmegebühren von 300 Mark kannst du leider nicht aufbringen.« Trotzdem ging mir dieser Kongreß nicht aus dem Kopf. »Das wäre ja die Chance, den Hebammen deine CD vorzustellen«, dachte ich mir. Außerdem interessierten mich die Themen. Vielleicht würde ja eine der Kölner Hebammen mit dem Auto dorthin fahren und könnte mich mitnehmen? Ich erfuhr, daß eine Kollegin hinfuhr – mit der Bahn. Sie erzählte mir, daß die Fahrt 260 Mark kostete.

Ich holte meine letzten 600 Mark vom Konto, stand fast eine Stunde am Nachmittag im Bahnhof in der Schlange für die Fahrkarte und erfuhr, daß ich den Nachtzug – ich wollte rechtzeitig zur Eröffnung in Dresden sein – früher hätte buchen müssen.

Man riet mir, nachts um 23 Uhr am Zug zu sein, um dann zu fragen, ob noch ein Platz frei wäre. Das war mir aber zu riskant, wie sollte ich denn, wenn kein Platz mehr frei wäre, wieder nach Hause kommen? Ganz unerwartet erfuhr ich am Schalter auch, daß schon die einfache Fahrt nach Dresden 260 Mark kostete. Das war ein Schock! Aber ich hatte es mir nun einmal vorgenommen, zum Kongreß zu fahren. Ich beschloß, die auf den Nachtzug folgende Gelegenheit, den ICE um halb vier in der Nacht, zu nutzen, fuhr nach Hause und dann mit der letzten Bahn der Linie 18 um halb zwölf zum Bahnhof. Am Nachmittag hatte ich mich bei der Bahnhofsmission erkundigt, ob ich dort die Nacht bis halb vier Uhr morgens verbringen könnte, das ging zum Glück.

Am Bahnhof nahm ich im Wartesaal auf Bahnsteig eins Platz, aber dort wurde es mir nach zwei Stunden zu kalt, weil die Türen aufstanden. Ich meldete mich bei der Bahnhofsmission am selben Gleis. Man bot mir einen Kaffee an, den ich aber ablehnte, weil ich schlafen wollte. Auf dem Boden lagen zwei Männer, und ich verzog mich in eine Ecke. Eine kleine Bücherei war auch dort. Ich fand ein Buch über eine turbulente Schwangerschaft und Geburt, das in England monatelang auf der Bestsellerliste gestanden hatte. Es karikierte alles, vor allem aber die Geburtsvorbereitung, und war ganz unterhaltsam. Gott sei Dank schaute ich eine halbe Stunde, bevor mein Zug ging, draußen auf die Uhr, keiner hätte mich geweckt.

Der ICE »Albertus Magnus« offenbarte mir – ich war jahrzehntelang nicht Zug gefahren – die Wandlung der Bahn zu einem Luxus-Verkehrsmittel. In Frankfurt steig ich um und saß dann in dem ICE »Johann Sebastian Bach« nach Dresden, wieder erstaunt und erfreut. Überrascht haben mich vor allem die großzügigen WCs. Als Tochter eines Eisenbahners war ich stolz auf die Bahn. In dem Zug ab Frankfurt saß ich gleich hinter dem »Cockpit« des Lokführers und konnte nach vorne auf die Schienen sehen. Auf der anderen Seite des Ganges saß ein Mann in meiner Nähe, der versuchte, einen riesigen Bauplan der Dresdner Frauenkirche zusammenzufalten. Er erzählte mir, daß er am Wiederaufbau der Kirche beteiligt sei. Als Hebamme, die ein Jahrzehnt nicht aus Köln herausgekommen war, ging mir auf einmal auf, daß es noch andere Städte außer Köln gibt, in denen Menschen leben und arbeiten.

Allmählich stieg in mir die Sorge hoch, wie ich zum Kulturpalast kommen würde und in den Kongreß hinein, ohne Eintritt zu bezahlen. Man hatte mir gesagt, vom Bahnhof wäre es nicht weit zum Tagungsort und ich ginge am besten zu Fuß. Aber die Strecke zog sich dann sehr mit meinem sperrigen Einkaufswagen, den mir meine Nachbarin geliehen hatte und der bis oben mit Kölner Stramplern und meinen 50 CDs vollgestopft war.

Als ich ankam, hatte die Bundesgesundheitsministerin Ulla Schmidt – sie war gerade Oma geworden – ihre Rede schon gehalten. Auch Frau Biedenkopf, die Schirmherrin, hatte bereits gesprochen. Unsere Präsidentin Magdalene Weiß hatte der SPD-Regierung vorgeworfen, daß die Hebammen für sie nicht existent wären und unsere Anliegen sie nicht interessierten. Ich erfuhr das später aus den Zusammenfassungen der Reden.

Für mich mit meinen fast achtzig Jahren war es zunächst ein beklemmendes Gefühl, gesundheitlich angeschlagen knapp bei Kasse in einer fremden Stadt unterwegs zu sein – obschon die Dinge sich nicht schlecht entwickelten.

Von Frau Brandstaetter, dem bayerischen Vorstandsmitglied des Bundes Deutscher Hebammen, bekam ich einen Teilnehmerausweis. Sie erinnerte sich noch an meine Rede 1986 in der Redoute in Bonn-Bad Godesberg anläßlich der Feier des hundertjährigen Verbandsjubiläums der Hebammen.

Auf dem Kongreß besuchte ich als erstes ein Seminar über Humor und verkaufte dort gleich zwei meiner CDs. Dann ging es ins Plenum, wo Berufsfragen diskutiert wurden und ich in der Pause von einer jungen Wissenschaftlerin angesprochen wurde, die eine Arbeit zum Thema: »Professionalismus und Deprofessionalismus der Hebammen in West- und Ostdeutschland« schreiben wollte. Beim Essen war es für mich aufgrund meines Schlaganfalls sehr anstrengend, ihre Fragen so zu beantworten, daß sie sie als Nicht-Fachfrau verstehen konnte. Oberflächliche Antworten hätten mir nicht genügt, dafür ist mir die Geschichte der Hebammen nach dem Krieg zu vertraut und zu wichtig. Wir warteten lange auf die Linsensuppe und hasteten dann zurück in die Seminare. Da begegnete mir Herr Zickfeldt vom Elwin Staude Verlag und sprach mich an. Er erinnerte sich daran, wie viel ich für die Deutsche Hebammenzeitschrift, die vom Staude Verlag herausgegeben wird, geschrieben hatte. Weil er irgendwann einmal später meine Arbeit über Goethes Hebamme nicht angenommen hatte, die so gut zum 250. Geburtsjahr Goethes gepaßt hätte, war ich ihm eigentlich böse und hätte ihn nie angesprochen. Aber nun zeigte ich ihm meine CD mit dem *Kölner Wehensong* und er ging gleich mit mir zur Garderobe, wo ich mein Ungetüm von Einkaufswagen geparkt hatte. Die Hälfte der CDs nahm er mit, um sie auf dem Tisch des Elwin Staude Verlags auszulegen.

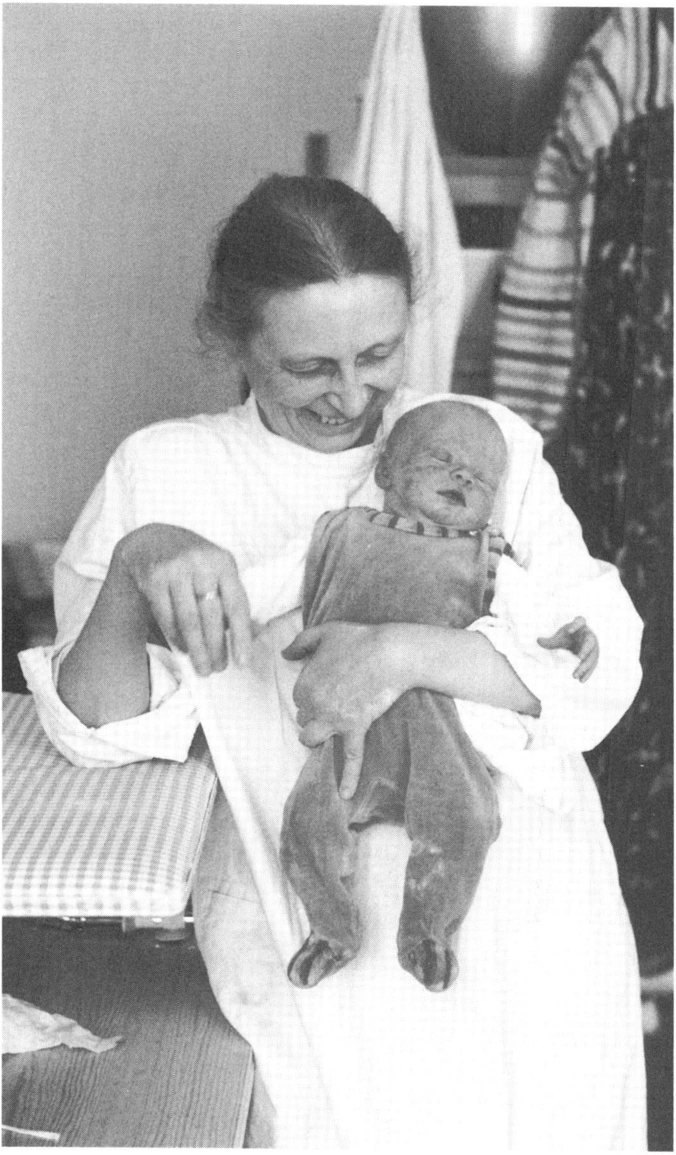

Seit kurzem gibt es neben der Deutschen Hebammenzeitschrift, die so alt wie der Staude Verlag ist, auch die Zeitschrift Hebammenforum des Bundes Deutscher Hebammen, der den Kongreß in Dresden veranstaltete.

Als eine Kollegin aus Nordrhein-Westfalen erfuhr, daß Zickfeld 25 CDs genommen hatte, nahm auch sie gleich zehn Stück mit für den Tisch des Vereins »Pro Hebamme«.

Und dann kamen sie: die Hebammen, die bei mir in der Oase vor Jahren Praktikantinnen waren, die Leiterin der Hebammenschule Mainz, die mir erzählte, daß sie sich noch gut an meinen Artikel »Mehr Wärme im Kreißsaal« erinnerte und im Unterricht oft auf mich zu sprechen käme … und alle kauften meine CD. Meine Bauchtasche füllte sich. Nach dem Kongreß konnte ich sogar eine Stadtrundfahrt durch Dresden machen und hatte das Geld wieder raus, das ich brauchte, um nach Züllsdorf in Brandenburg zu fahren, wo ich bei der 96jährigen Lieblingstante meines Mannes und ihren Angehörigen zweimal übernachtete. Die Fahrt dorthin über Falkenberg am späten Abend war ein Abenteuer. Ich mußte in Falkenberg umsteigen, und die Schaffnerin erklärte mir: »Wenn dieser Zug dort drüben weggefahren ist, dann gehen sie über das Gleis und bleiben stehen, dann kommt der Zug, mit dem Sie fahren müssen.« Immer hatte ich Angst, mit dem Einkaufswagen nicht in den Zug zu kommen, aber jedes Mal fand sich jemand, der mir half. Meine Tante Trude, die zu DDR-Zeiten zweimal im Jahr nach Köln gekommen und stets reich beschenkt mit großem Gepäck zurückgefahren war, freute sich sehr über meinen Besuch. Am letzten Tag, als ich meine finanzielle Lage überblicken konnte, schenkte ich auch der Tante und ihrer Familie eine CD. Meine Cousine und ihr Mann sind begabte Musiker, die in Cottbus als Orchestermusiker gearbeitet hatten. Als ich wieder in Köln war, riefen sie an, um mir zu der CD zu gratulieren. Sie waren begeistert und überrascht, daß ich so etwas auf die Beine gebracht hatte.

In Dresden kam auch die Hebamme und Dokumentarfilmerin Katja Baumgarten zu mir und bedankte sich für die CD, die ich ihr zugeschickt hatte, und veranlaßte Herrn Zickfeldt, mir ihren Videofilm zu schenken: Es ist die bewegende Geschichte der Geburt ihres vierten Kindes Martin. Frau Baumgarten hatte in der 20. Woche über Ultraschall von seinem komplexen Fehlbildungssyndrom erfahren. Sie hatte das Kind ausgetragen, und es war drei Stunden nach der Geburt in ihren Armen im Kreis ihrer Familie und Freunde gestorben.

Am zweiten Abend auf dem Weg zur Tante war ich gestolpert und der Länge nach aufs Gesicht gefallen. Ich hatte eine Ampel übersehen, während ich eilig versucht hatte, einer Straßenbahn auszuweichen. Alle, die mich am nächsten Tag wiedersahen, hatten mich glücklicherweise vorher schon gesehen und erkannt, ich sah nun schrecklich aus. Ich hatte jedoch Glück gehabt. Großes Glück, daß nichts Schlimmeres passiert war! Gott sei Dank!

Am dritten Tag in Dresden traf ich noch mehr Bekannte und hörte auch gute Referate, aber immer mehr verdichtete sich in mir der Gedanke: Das haben wir doch alles schon erkämpft, das haben wir doch alles schon praktiziert! Wir haben uns doch immer schon vor und nach der Geburt um die Familie gekümmert. Und fast alle Hausgeburten der fünfziger und sechziger Jahre waren Geburten bei Mehrgebärenden, Vielgebärenden und nach heutiger Auffassung »Risikogeburten in Potenz«. Wer kriegt heute noch 21 Kinder?

Beeindruckt hat mich vor allem das Referat über Genitalverstümmelungen und die einfühlsame Ausführung meiner Kollegin über die Situation dieser Frauen. Ein Referat über die zahlreichen Trennungen nach dem ersten Jahr nach der

Geburt des Kindes ging mir besonders nahe. In meiner Bekanntschaft hatte ich das gerade erlebt. Und ich erinnerte mich, wie vehement wir früher um die Hinzuziehungspflicht der Hebamme und für ein besseres Umfeld bei den Geburten gekämpft hatten.

Ich merkte bestürzt, daß jede Generation von Hebammen sich Ansehen und Würde neu erwerben muß. Und daß viele Dinge und Entwicklungen aus meiner Zeit der neuen Generation gar nicht bekannt sind, wenn sie sich nicht vertieft damit beschäftigt. Wer weiß von den jungen Kolleginnen noch um die Kämpfe und Siege meiner Hebammengeneration? Heute hängen die meisten freien Hebammen nach zehn oder fünfzehn Jahren Berufstätigkeit noch ein Studium dran, und das ist gut. So kann zum Beispiel die Hebamme Frau Brigitte Hannig den Müttern mehr Erkenntnisse über die Entwicklung des Kleinkindes und seine Bedürfnisse übermitteln und ihnen manches erklären, was sie vielleicht beunruhigt.

Kinder haben mich schon immer fasziniert. Mit dem Neugeborenen und Säugling bin ich vertraut. Jetzt lebt einer meiner Urenkel Noah Samuel mit in meinem Haus, und ich fühle mich reich beschenkt, daß ich in meinem Alter sein Heranwachsen so nah miterleben darf.

Die Präsidentin des Bundes Deutscher Hebammen, Frau Magdalena Weiss, hörte meinem Gestammel aufmerksam zu – seit meinem Schlaganfall gerate ich ins Stottern, wenn ich eine Sache erklären will –, aber ob sie verstanden hat, was mein Vorschlag, einen ICE nach Justine Siegemundin zu benennen, für mich bedeutet? Meine Vision: »Meine Damen und Herren! Wir begrüßen Sie im ICE Justine Siegemundin, der kurbrandenburgischen Hofwehenmutter …« Das wäre eine Öffentlichkeit, die wir Hebammen brauchen. Ich bin überzeugt, daß alle Hebammen, die den Kongreß besucht haben, – mehr als 2000 – die Eingabe an die Bahn unterschrieben hätten. Es wäre ein schöner Abschluß für diese Tage gewesen.

Für mich war Justine Siegemundin nicht wegen ihres Titels, sondern wegen ihrer Arbeit auf dem platten Land in Schlesien Vorbild. Daß sie eine tüchtige Hebamme war, zeigt die Erfindung des genialen »Gedoppelten Handgriffs« mit der Schlinge zum Wenden eines quer liegenden Kindes.

Im Nachtzug nach Köln zählte ich mein Geld: Mit 600 Mark war ich aufgebrochen, mit 500 Mark in der Tasche fuhr ich zurück. Ich war froh, in Dresden gewesen zu sein, auch wenn es sehr aufregend und anstrengend für mich war.

Der Versuch einer Ehrenrettung für Goethes Hebamme

»An Jahren siebenzig und fünf lebte ich in der Welt
und 41 Jahre war ich im Amt bestellt.
Zehn Tausend Kinder sind durch Gottes Gnad empfangen
Nun laß mein Schöpfer mich zur wahren Ruh gelangen.«

Grabspruch einer Hebamme Müller aus Frankfurt, wahrscheinlich Goethes Hebamme – bei der Geburt Goethes 66 Jahre alt.

Nach einer anderen Quelle soll die 20jährige Antonia Elisabeth Heid beigestanden haben, was ich aber für eher unwahrscheinlich halte.

In seinem Buch »Dichtung und Wahrheit« schreibt Goethe am Anfang: *»Durch die Ungeschicklichkeit der Hebamme kam ich für tot auf die Welt, und nur durch vielfache Bemühungen brachte man es dahin, daß ich das Licht erblickte ...«*

Ich habe mir über die der Hebamme von Frau Katharina Elisabeth von Goethe nachgesagten »Mißhandlungen« Gedanken gemacht. In alten Hebammenbüchern kennt man noch die Schulzschen Schwingungen zur Wiederbelebung eines stark asphyktischen oder tot geborenen Kindes. Ob die Hebamme von Frau Goethe sich dieser Methode bedient hat, um das scheintote Kind wiederzubeleben? Man faßte das Kind unter den Armen und schwang es auf eine bestimmte Art hin und her. Das sah schon gewalttätig aus!

Die Hebamme Müller wurde am frühen Morgen gerufen.

Der Knecht der Goethes leuchtete ihr den Weg. Als sie im Großen Hirschgraben ankamen, dämmerte schon der Tag herauf.

Das Geburtszimmer im zweiten Stock war hergerichtet; es ging zum Garten hinaus. Die Vorhänge waren zugezogen. Die Magd hatte alles vorbereitet: Heißes Wasser dampfte in einer Schüssel; linnene Tücher waren bereitgelegt. Die junge Frau Katharina Elisabeth von Goethe, eine geborene Textor, ging noch eine Weile umher, legte sich dann aber hin. Die Hebamme untersuchte sie. Obwohl die Hebamme gerne gesehen hätte, wenn die Schwangere wieder aufgestanden wäre, war sie nicht dazu zu bewegen. Die Wehen kamen alle zehn Minuten und waren noch schwach, wie die Hebamme mit aufgelegter Hand ertastete. Und obwohl das so war, hielten alle – die Mutter der Gebärenden und auch die zwei Mägde, die ihr zur Hand gingen – die Geburt für schon im vollen Gange. Zwar ging schon etwas Blut und Schleim ab, der Muttermund hatte aber erst eine Weite, die dem Durchmesser eines Kreuzers entsprach, auch fühlte er sich noch ausgesprochen hart an.

Die Hebamme gab es auf, die Kreißende zum Wandern anzuhalten. Sollte sie doch im warmen Bett bleiben, wenn sie es wollte. Und es dauerte nicht lange, da schlief die Achtzehnjährige tief und fest, und auch ihre Mutter war im Lehnstuhl eingenickt. Es war ein Bild des Friedens; nur die Uhr tickte und zeigte die sechste Stunde an.

Die Hebamme wurde unruhig: Um diese Zeit erwachte gewöhnlich ihr Mann und mußte gebettet werden. Dies besorgte sonst ihre Tochter. Die aber war hochschwanger.

Kurz entschlossen gab die Hebamme der draußen wartenden Magd Bescheid, sie sei gleich wieder zurück und eilte über den Roßmarkt ihrem Hause zu. Sie fand ihre Tochter schwer atmend neben dem Bett des Vaters sitzend; die Arbeit war schon getan. Wenn es jetzt bei ihr losging mit den Wehen! – Die Hebamme hastete zurück, bedrückt von dem Gedanken, daß ihr Mann, obwohl er sie gehört haben mußte, nicht den Kopf nach ihr gewendet hatte. Vor zwei Jahren hatte bei der Arbeit im Wald ein starker Ast seinen Rücken gestreift. Seit dieser Zeit lag er zu Bett und konnte sich kaum noch bewegen.

Als sie die Treppe zum Goethe-Haus hochstieg, war sie mit ihren Gedanken wieder ganz bei der Gebärenden. Sie war kaum zehn Minuten weg gewesen und fand alles unverändert vor. Herr Rath Goethe war ihr auf der Treppe begegnet und hatte ihr einen strengen Blick zugeworfen.

Eine halbe Stunde später kamen die Wehen endlich wieder, wurden häufiger und stärker. Die Hebamme hatte der jungen Frau einen heißen Topfdeckel, umwickelt mit vielen Lagen Flanelltüchern, vor den Bauch gelegt und die Wärme tat ihre Wirkung. Es war zwar August, aber am Morgen kühl. Die Wehen wurden also länger, die Pausen blieben bei fünf Minuten – und das war gut so. Die Hebamme rieb der jungen Frau in der Wehe den Rücken. Auf der anderen Seite des Betts stand die Mutter der jungen Frau und forderte die Tochter auf, ihr die Hände zu drücken, wenn die Wehe kam. Die Erstgebärende tat das dann auch, machte sich steif dabei und warf den Kopf zurück.

Draußen hörte man den Kaiserlichen Rath auf- und abgehen. Die Hebamme wußte, daß es noch Stunden dauern würde. Es war dämmrig im Zimmer. Die Vorhänge waren noch immer zugezogen. Nur durch einen Spalt sah man, daß draußen ein herrlicher Augusttag heraufkam.

Eine der Mägde brachte der Hebamme etwas zu essen. Sie war dankbar dafür; den Hunger hatte sie an diesem Morgen noch gar nicht stillen können.

Die Gebärende begann sich herumzuwälzen – auch in den

Pausen. Das forderte Kraft. Die Hebamme hätte lieber gesehen, wenn sie die Pausen zum Ausruhen genützt hätte. Aber von der Mutter immer wieder aufgefordert, sich an sie zu klammern, wenn eine Wehe kam, hörte sie die Ermahnungen der Hebamme nicht – sie war wie abgeschottet.

Die Hebamme mußte daran denken, wieviel einfacher es doch bei armen Frauen war, die auf sie hörten und taten, was sie ihnen vorschlug. Seit Stunden rieb sie der jungen Frau den Rücken in der Wehe und kühlte ihr ab und zu die Stirn. Jetzt fielen ihr allmählich die Augen zu. Trotzdem entging ihr nichts vom Verlauf der Geburt. Unter ihrer Hand fühlte sie, wie sich die Gebärmutter aufbäumte. Alles nahm seinen regelrechten Verlauf.

Die Hebamme dachte an die vorletzte Nacht. Sie war zur Frau des Häuslers Anton gerufen worden. Sie hatte der Frau schon fünfmal in Kindesnöten beigestanden. Die Geburt des Kindes war gut verlaufen, aber um Mitternacht hatten sie und der herbeigerufene Arzt den Kampf um das Leben der sechsfachen Mutter aufgeben müssen. Die Frau hatte nach der Geburt zu bluten begonnen und die Blutung war nicht mehr zum Stillstand gekommen.

Die Hebamme dachte aber auch an andere Dinge. Gewohnt geradeaus zu sehen und doch zu bemerken, was links und rechts geschieht, hatte sie in dem Haus der Frau beim Gang über den Flur (sie wollte in die Küche, den warmen Topfdeckel erneuern), bemerkt, wie sich zwei Gestalten im Halbdunkel an die Kellertür drückten. Sie hatte schon seit der Geburt des fünften Kindes den Verdacht, daß der Ehemann mit der jüngeren Schwester seiner Frau etwas hatte, und sie glaubte auch zu wissen, daß dies für die Ehefrau kein Geheimnis war. Denn deren Augen hingen so flehentlich an den Zügen der Hebamme. Die Hebamme hatte ihr immer wieder beruhigend über den Kopf gestrichen und ihr auch die Hand gehalten, als es zu Ende ging. Als die Frau des Häuslers Anton starb, stand die Nachbarin weinend mit dem jüngsten Kind auf dem Arm am Fußende. Die Schwester lief schreiend hinaus. Der Häusler saß in der dunkelsten Ecke, den Kopf in den Händen vergraben. In der anderen Ecke drückten sich die vier anderen Kinder erschreckt zusammen. Man hatte sie hereingerufen, als es mit ihrer Mutter zu Ende ging.

Die Hebamme versorgt noch das Neugeborene und verließ dann das Haus gegen drei Uhr morgens. Der Arzt war schon vorher gegangen. Er hatte sich stumm von ihr verabschiedet. Auch er war übermüdet und am Ende seiner Kräfte. Beide wußten, daß es nicht in ihrer Macht gelegen hatte, die Frau vor dem Verblutungstod zu retten.

Wieder zu Hause, fiel die Hebamme in bleiernen Schlaf; am nächsten Morgen brauchte sie lange, bis sie zu sich kam. Unter der Pumpe im Hof ließ sie sich das kalte Wasser über Arme und Nacken laufen.

Jetzt merkte die Hebamme, daß es bei Frau Rath Goethe auf die Preßwehen zuging. Sie holte den Preßriemen aus ihrer Tasche und schlang ihn um das Fußende des Bettes. Dann gab sie der Gebärenden, die jetzt auf dem Rücken lag, die Schlaufen in die Hände – und forderte sie zum Pressen auf. Jetzt wurde die werdende Großmutter sehr umsichtig und half ihr dabei.

Aber ihr gemeinsames Erklären und Zureden drang nicht bis zur jungen Frau vor. Die Augen weit aufgerissen, den Kopf weit zurückgeworfen, nahm sie nichts davon wahr, schrie und keuchte nur. Die Schritte im Flur waren verstummt. Die Hebamme merkte, daß der Kopf des Kindes sichtbar wurde, und das, obwohl die Gebärende die Knie zusammenkniff. – Nur eine Preßwehe noch, wenn die junge Frau nur mithülfe!

Schließlich schob die Hebamme das Kind hinaus, indem sie ihren Unterarm auf den Bauch der Frau legte, wo das Kind den Po hatte und mit aller Kraft nach unten drückte. Frau Rath Goethe glaubte, ihr letztes Stündlein hätte geschlagen und tat einen spitzen Schrei – aber der Kopf war geboren. Die Entwicklung der Schulter machte dann noch einmal Schwierigkeiten, aber schließlich lag ein kleiner Junge fast am Fußende des Bettes. Er war dunkelblau. Der Schatten des dunklen Fußendes verstärkte noch diesen Eindruck. Die Hebamme nabelte das Kind ab, hielt es an den Füßchen hoch und ging mit dem Zeigefinger, um den sie ein Leinenläppchen geschlungen hatte, dem Kleinen in den Mund, um Schleim und Fruchtwasser zu entfernen. Die Mägde stürzten herein mit einer Wanne voll warmen Wassers. Die Hebamme prüfte die Wärme mit dem eigenen Ellebogen, ehe sie das Kind hineingleiten ließ. Ab und zu spritzte sie ihm kaltes Wasser auf die Brust. Der Kleine streckte sich, fing langsam an zu wimmern, um sich dann lauthals über die Behandlung zu beschweren; er schrie aus Leibeskräften.

Seit seiner Geburt kurz nach zwölf Uhr mittags – die nahe Katharinen-Kirche hatte vor kurzem geläutet – waren vielleicht zwei Minuten vergangen. Er färbte sich zusehends rosig. Den Angehörigen mag dies lange vorgekommen sein.

Sein Vater kam herein. Er beugte sich über seine Frau, strich ihr über den Kopf, und einen Augenblick sah es so aus, als wolle er ihr einen Kuß geben. Er tat es aber dann doch nicht und blieb am Kopfende des Bettes stehen.

Als die Nachgeburt kam und die Hebamme die junge Mutter sorgfältig untersuchte, ging der Vater hinaus. Als er wieder ins Wochenzimmer kam, hatte die Hebamme das Kind in vorgewärmte Tücher eingeschlagen und der Mutter an die Brust gelegt. Dort lag es und trank genußvoll in ruhigen, stetigen

Zügen. Das war für die Hebamme der Beweis, daß es keinen Schaden genommen hatte. Fast eine halbe Stunde trank es ohne Pause, bis die Hebamme es abnahm, um Mutter und Kind endgültig zu versorgen. Dann rollte sie den Preßriemen zusammen, packte ihre Tasche und verließ das Haus.

Die Pflege der Wöchnerin übernahmen die Großmutter und eine Pflegerin. Wochen später sah sie die junge Mutter auf dem Markt wieder. Zur Geburt von Johann Wolfgangs Schwester Cornelia Friederike Christine im Dezember des darauffolgenden Jahres wurde sie nicht gerufen. Auch nicht zu den Geburten der anderen Goethe-Kinder: Ein Kind wurde tot geboren, zwei Jungen und zwei Mädchen, starben alle im frühen Kindesalter.

Die Geburt des kleinen Johann Wolfgang, so genannt nach seinem Großvater mütterlicherseits, der Stadtschultheiß in Frankfurt war, hatte noch ein Nachspiel.

Der Großvater veranlaßte den Magistrat, die Hebammen durch den Stadtmedicus zusammenrufen zu lassen und ihnen Unterricht zu erteilen. Die Erzählung der Großmutter von dem schwarzgeborenen Jungen gaben den Anlaß dazu. Die Hebamme ärgerte das ein wenig. Was hätte sie bei der Geburt denn anderes machen können? Sie war sich keiner Schuld bewußt.

Bei ihr zu Hause lief alles gut. Mit ihrer Hilfe hatte ihre Tochter zwei Jungen geboren. Gott sei Dank hatte ihre Tochter genug Milch, um die hungrigen Zwillinge beide stillen zu können. Die Hebamme, Mutter und Großmutter, saß oft daneben, wenn ihre Tochter stillte, und freute sich, wenn die beiden Knaben um die Wette schmatzten. Zu dieser Zeit pflegte sie zwei begüterte Wöchnerinnen, die ihr Essen für die Tochter mitgaben. Auch ihr Mann wurde wieder umgänglicher, obwohl sich sein Leiden nicht besserte. Was war sie froh, diesen Beruf zu haben!

Frau Rath Goethe traf sie noch einmal auf dem Römerberg. Der dreijährige Junge ging an der Hand der Mutter, die zweijährige Cornelia wurde von der Großmutter geführt. Die junge Frau beugte sich zu ihrem Erstgeborenen herunter und sagte etwas zu ihm, worauf dieser in Richtung der Hebamme schaute und diese neugierig und freundlich beäugte. Was die Mutter ihm über sie erzählt hatte, muß etwas Gutes gewesen sein, und dazu hatte sie – Gott sei gedankt – auch allen Grund.

Hebammenweisheiten

Reife des Muttermunds

Der Muttermund macht im Laufe der Schwangerschaft eine Reifung durch, die man den Frauen folgendermaßen verdeutlichen kann: Wenn man bei einer unreifen Pflaume den Kern entfernen will, dann ist das nur schlecht möglich. Bei derselben Pflaume, vielleicht nur eine Woche später, läßt er sich mühelos entfernen.

Bei der programmierten Geburt, die Ende der sechziger und Anfang der siebziger Jahre in Mode war, riskierte man dadurch, daß man dem Kind den Geburtstag zudiktierte, einen Geburtsstillstand und andere Komplikationen. Der Chefarzt fragte die Eltern unter Umständen: »Wann hätten Sie das Kind gerne? Mir würde es nächste Woche passen.« Ein Irrweg in der Geburtshilfe, den manches Kind mit Schädigungen bezahlen mußte. Der Wunschkaiserschnitt wurde bis drei Wochen vor dem ausgerechneten Termin ausgeführt – manchmal auch zu einem Zeitpunkt, an dem die Sterne günstig standen!

Das vierte Kind meiner Tochter, Katharina, kam fast sechs Wochen vor dem Termin, und sie erzählte mir, wie sie anders als bei den anderen drei Kindern gespürt habe, wie das Kind an den Scheidenwänden »entlanggeschabt« sei. Die Geburtswege waren noch unreif und nicht durchfeuchtet. Ingrid hatte an der belgischen Küste in den Dünen gelegen, als die Fruchtblase sprang. Sie war dann mehrere Male zum Telefon gelaufen, um mich anzurufen. Bis sie mich erreicht hatte, war wahrscheinlich immer wieder Fruchtwasser abgegangen. Es war wirklich eine »Trockengeburt«. Diesen Ausdruck – der kein Fachausdruck ist – hörte ich früher sehr oft von meinen Frauen.

Mit der Zeit habe ich bei den vaginalen Untersuchungen durch das Ertasten des Muttermundes ein Gefühl dafür bekommen, ob die Geburt anstand oder noch auf sich warten ließ. Ungeduldigen Frauen, die auf eine Einleitung drängten – auch das gab es eine Zeit lang in Köln – und gibt es heute wieder –, erzählte ich häufig die Geschichte von der Pflaume.

Kindliche Herztöne

Mit Erstaunen und Entsetzen habe ich einmal in einer der Hebammenzeitungen gelesen, daß nicht alle Schülerinnen sich des Hörrohrs zum Abhören der kindlichen Herztöne bedienen, ja nicht einmal mehr damit ausgebildet werden. Nicht nur, daß sie nicht mehr das schöne Erlebnis haben, auf einmal das kleine Herz schlagen zu hören, es ist mir auch unverständlich, daß man immer davon ausgeht, Apparate zur Verfügung zu haben. Daran denke ich vor allem jetzt nach der Hochwasserkatastrophe im Osten Deutschlands im Sommer 2002 und den Wirbelstürmen im Herbst 2002.

Ich war die erste der Kölner Hebammen, die sich ein Taschen-Sonicaid, ein Gerät zum Hören der Herztöne in der Wehe, leistete, aber immer benutzte ich beides, das Hörrohr und das Taschengerät. Einmal, bei einer Vertretung in der Frauenklinik in der Alteburger Straße in der Kölner Südstadt, habe ich den Frauen, die dort wegen drohender Frühgeburt aufgenommen worden waren, mit zehn Wochen diesen zarten Herzschlag hören lassen. Das war ein prägendes Erlebnis für sie und mich. Die Frauen waren gerührt, wenn sie das Herz ihres Kindes schlagen hörten und motiviert, alles für das Kind zu tun, und die verordnete Bettruhe einzuhalten.

Die Wunschsektio

Zur Zeit ist die Wunschsektio, also ein medizinisch nicht notwendiger, sondern von den Frauen gewünschter Kaiserschnitt, in aller Munde. Dies wird auch unter den Hebammen und jüngeren Ärzten diskutiert, von denen ein Teil der Meinung ist, die Frau hätte ein Recht, darauf zu bestehen. Viele möglichen Folgen der Sektio werden erst heute erkannt. Ich habe erst davon erfahren, als ich in Folge meines Schlaganfalls in ergotherapeutische Behandlung kam. Die Ergotherapeutin erzählte mir, daß sie einen sechsjährigen Sohn habe, der therapiert wird. Ein Teil seiner Körperwahrnehmung, der Lagesinn im Raum und daraus resultierend der Gleichgewichtssinn sind bei ihm gestört. Sie führt dies auf den Kaiserschnitt wegen Beckenendlage zurück, und ich erfahre, daß die Rate der Kaiserschnitt-Kinder mit diesem Syndrom erhöht ist. Natürlich ist das Gott sei Dank nicht zwingend. Aber es ist zu bedenken, wenn man sich ohne Not einen Kaiserschnitt wünscht. Ich hoffe, daß meine Bemerkungen bei den Frauen, die einen die Not des Kindes wendenden Kaiserschnitt erfuhren, nicht Unsicherheit und Angst hervorruft. Ergotherapeuten mit einer Zusatzausbildung in sensomotorischer Integration müßten oft über Jahre solche Kinder behandeln, deren tiefensensible Information gestört ist, weil sie nicht den Weg durch den Geburtskanal passiert haben. Das Wort »Geburtskanal« benutze ich nie im Kurs, sondern ich spreche immer vom »Geburtsweg« bei der Geburt, weil das Wort »Geburtskanal« meiner Meinung nach auch angstbesetzt sein kann. Diese Enge bei der Spontangeburt gibt dem Kind ein Körperbewußtsein, das ihm bei einer Kaiserschnittgeburt mangelt. Auch die Stimulans der Wehen entbehrt es bei einer Wunschsektio. Folge sind oft Sauberkeitsverzögerung und Schwierigkeiten bei motorischen Aktivitäten wie Balancieren und Ähnliches.

Ich verstehe die Frauen, die dem Schmerz der Wehe aus dem Weg gehen wollen. Wir Hebammen müssen versuchen, Frauen die Geburt zu einem Er-Lebnis zu machen, indem wir ihnen beistehen und ihnen auch versichern, daß wir ihnen und ihrem Kind helfen, wenn sie erschöpft sind oder glauben, es nicht mehr aushalten zu können. Das ist die Aufgabe der Hebammen unter der Geburt.

Mir kommt dazu eine Bemerkung von Katja Baumgarten, der Hebamme und Dokumentarfilmerin, in den Sinn, die mich einmal fragte: »Frau Schlundt, haben Sie auch die Erfahrung gemacht, daß die Frauen, die eine anstrengende Geburt hatten, die alle ihre Kräfte forderte, sich schon im Wochenbett auf die Geburt ihres zweiten Kindes freuten?«

Die Wehen sind Werde-Schmerzen, das ist das chinesische Wort für Wehen. Der einzige Schmerz, der etwas einbringt. Je länger ich meinen Beruf ausübe, desto größer wird meine Achtung vor dem Schöpfer, der alles so sinnvoll eingerichtet hat.

Kolostrum

Kostbar, aber nicht meßbar ist das Kolostrum, die Vormilch. Diesen Satz habe ich den Frauen immer vor der Geburt gesagt, damit sie daran dachten, wenn ihnen im Krankenhaus mitgeteilt wurde: »Sie haben ja noch keine Milch, das lohnt noch nicht, daß Sie anlegen.«

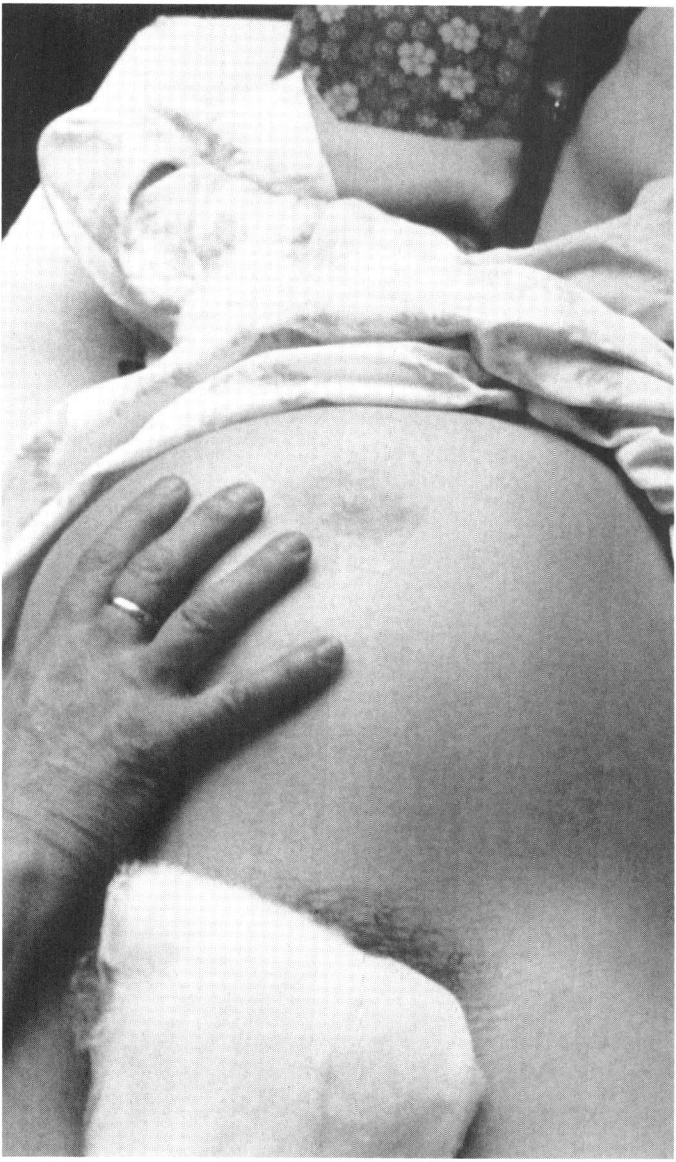

Die Wehen sind gute Kräfte, es sind Kräfte, die das Kind bringen. Kaiserschnitte am wehenlosen Uterus machen die Geburtshelfer gar nicht gerne, denn Wehen sind für das Kind Stimulans. Es lernt dann etwas kennen – zuerst schwamm es nur im warmen Fruchtwasser, und vielleicht merkt es nun ab und zu auch eine Veränderung, die es auf die Geburt vorbereitet.

Ich wurde früher oft zu Frauen gerufen, die das zehnte, zwölfte oder – was ich auch einmal erlebt habe – neunzehnte Kind bekamen. Wenn ich dann in das Geburtszimmer kam, meinen Mantel abgelegt hatte und meine Hand der Frau auf den Bauch legte, um zu fühlen, ob sich etwas tat, und, wenn sich was tat, sagte: »Prima, Sie haben gute Wehen!« Dann wurden manche der Frauen ganz böse: »Gute Wehen sagen Sie? Die tun weh!« Die Zusammenhänge verstanden sie nicht.

Frauen brauchen die Wehen, um ihr Kind zu bekommen, und ich wünsche Gebärenden immer gute Wehen. Das habe ich auch einmal im Kurs gesagt, und da erwiderte eine Frau: »Bei den Wehen habe ich immer an Ihre Worte gedacht und zu mir gesagt: ›Die Wehe ist gut, die Wehe ist gut, die Wehe ist gut‹, und da war sie auch schon fast vorbei.« Das hatte dieser Frau geholfen.

Frauen sollen nicht unnötig Wehen haben. Die Hebamme weiß, was den Gebärenden gut tut, was die Geburt fördert und Wehen erspart. Ich halte viel von Wärme unter der Geburt, menschliche Wärme vor allem und auch lokale, etwa durch eine Wärmflasche. Wärme fördert die Wehen, lindert den Wehenschmerz, und unter Umständen lassen sich auf diese Weise Dammrisse und Dammschnitte vermeiden.

Gebärende sollten sich immer auf der Fahrt in die Klinik warm halten, damit sie die Wehen noch mit ins Krankenhaus bringen. Wie oft habe ich früher den Satz gehört: »Sie können mir glauben, zu Hause hatte ich so schöne Wehen, ich verstehe gar nicht, daß sie jetzt weg sind.« Ich habe meinen Frauen immer geraten, beim Transport ins Krankenhaus mit Gel gefüllte Wärmekissen als Vorlage im Schlüpfer zu tragen und sich in eine doppelt geschlagene, wärmende Decke zu hüllen. Wenn die von mir so vorbereiteten Frauen dann ins Heilig-Geist-Krankenhaus in Köln-Longerich kamen, wußte die Hebamme dort, daß sie in der Oase vorbereitet worden waren.

In meiner Praxis in Paderborn leistete ich oft in einem ehemaligen Fliegerhorst Geburtshilfe. Wenn die Wehen bei den Frauen in der Nacht begonnen hatten, radelten die Männer am frühen Morgen los, um mich zu holen. Die Frauen standen auf und stocherten im Nachthemd den Ofen, wurden kalt, und wenn wir mit dem Hebammenkoffer ankamen, hatten sie keine Wehen mehr. Ich steckte sie ins Bett, aber es dauerte oft bis mittags, bis die Gebärmutter wieder arbeitete.

Norwegische Untersuchungen haben bewiesen, daß Geburten, die mit Wehen im Bett beginnen, anderthalb Stunden kürzer sind, und das lohnt sich doch.

Ein warmes Bad ist gut, aber Schwangere sollten nie baden, wenn sie alleine sind. Immer wieder erzählen mir Frauen, es sei ihnen in der Badewanne schlecht geworden und Gott sei Dank sei ihr Mann da gewesen. Ein heißes Bad schwächt unter Umständen den Kreislauf, und der sollte unter der Geburt stabil sein.

Mit einem Bad kann man die Wehen testen: Sind es keine Wehen, die zur Geburt führen können, schlafen sie im Bad wieder ein; im anderen Fall können sie ganz schnell sehr heftig werden, so daß die Schwangeren kaum aus der Badewanne kommen. In Bonn hatte ich eine Kollegin, die hatte Gott sei Dank den Schlüssel zur Wohnung einer alleinstehenden Mutter und konnte das Kind gerade noch aus der Badewanne fischen.

Seitlage

Ich kann verstehen, warum die Engländerinnen – ob auch heute noch, kann ich nicht sagen – vorzugsweise in der Seitenlage entbinden. Das hat ihnen Königin Victoria vorgemacht. Ich halte das Liegen auf der Seite auch in der Eröffnungsphase für kräfteschonend und sehr geburtsförderlich. Der Körper des Kindes kann in dieser Stellung die Beckenhöhle ausfüllen und der kindliche Kopf hat es leichter, sich »herunterzuschrauben«. Außerdem sind so die Wehen effektiver, worauf kaum jemand hinweist, und die Frau empfindet sie als kürzer. Sie sind nicht wirklich kürzer, erscheinen der Kreißenden aber so, weil sie entspannter ist.

Atemtechnik

Immer wenn ich das Wort Atemtechnik in Zusammenhang mit Geburtsvorbereitung oder Geburt höre oder lese, sträuben sich mir die Haare. Der Atem muß fließen und all mein Bemühen gilt der Einübung der »Bauchatmung« für die Geburt.

Eine der beiden Frauen, die ein Buch über die Lamaze-Methode geschrieben haben, Dona Evi, hat mir gegenüber vor etwa dreißig Jahren bei einem Seminar in Kirchheimbolanden über die Methode geäußert: »Das war ein Traum, den ich ausgeträumt habe.« Man verläßt das Kind beim Veratmen der Wehen, beim Überatmen der Wehen, und es ist heute erwiesen, daß bei der Vorbereitung nach Lamaze die Quote der Zangengeburten und Saugglockengeburten deutlich gegenüber den Frauen erhöht war, die nach Read vorbereitet waren, also ruhiges, vertieftes Atmen in den Bauch gelernt hatten. Eine

Zeit lang hatte man deutlich den Eindruck, daß für die »Lamaze-Frauen« die Read-Methode eine Geburtsvorbereitung für die Unbedarften ist, und daß man etwas mitleidig, um nicht zu sagen hochnäsig auf die herabsah, die sich auf diese einfache Methode verließen.

Ich habe Geburten geleitet, wo die Frauen dieses Überatmen der Wehen über Stunden beherrschten und sich so gegen den Wehenschmerz abschirmten, statt in den Schmerz zu atmen, das Kind zu beatmen. Diese Frauen von der »Hechelatmung« abzubringen und zu veranlassen, bei den Preßwehen mitzutun, die Luft zu behalten und beim Rausschieben des Kindes langsam nach unten auszuatmen, war oft sehr schwer. Ich kann mich erinnern, daß ich einmal eine gute Stunde brauchte, bis eine Gebärende, nach Lamaze vorbereitet, diese eintrainierte Atmung lassen konnte.

Meine Kollegin, Frau Schmidt aus Köln-Rodenkirchen, mit der ich mich darüber öfter unterhielt, sagte über die Lamaze-Methode: »Das ist nur für disziplinierte Französinnen was.« Wenn ich von so einer für mich sehr anstrengenden Geburt nach Hause kam und natürlich erzählte, wie schwer es gewesen war und auch, wie gefährlich für das Kind, sagte mein Mann immer: »Wo ist der Lamaze, ich bringe ihn um.«

Bei meiner langen Berufstätigkeit haben sich Sätze ergeben, die ich immer wieder in den Kursen wiederholt habe, damit sie sich den Frauen einprägten, etwa: »Die Geburt ist keine Situation, wo man sich zusammennehmen muß, sondern öffnen!« Und: »Sie tun viel für eine schnellere, schmerzärmere und schonende Eröffnung des Muttermundes, wenn Sie nichts tun als beim Einsetzen der Wehen ruhig, vertieft in den Bauch ein- und ausatmen, fußwärts, dem Kinde zu, fußwärts dem Ausgang zu.« Ich weise darauf hin, daß es bei mir heißt »ruhig und vertieft« und nicht »tief einatmen«. Die Gebärenden sollen fließend atmen. Und nicht auf dem Höhepunkt der Einatmung verharren, und ich bin damit gut gefahren.

Bei fast viertausend Geburten hatte ich die Hand auf dem Bauch, spürte die Wehe kommen und gehen, ihre Kraft, ihre Macht. Und die Frauen, welche die Hände seitlich auf den Bauch gelegt hatten, spürten dies auch. Natürlich sage ich den Frauen in der Geburtsvorbereitung, daß sie mit der Lippenbremse oder hörbar ausatmen sollen, aber immer wieder betone ich auch, daß sie mit jeder Wehe neu beginnen. Auf diese Weise haben die Frauen kein Gefühl des Versagens, wenn sie meinen, daß sie es bei einer Wehe nicht gut gemacht haben. Die Frauen sollten sich in den Kursen auch ab und zu so verhalten wie die Frauen vor 30 und 40 Jahren noch, die dann, wenn die Wehe kam, die Knie zusammenpreßten, den Atem anhielten und die Zähne zusammenbissen. Ich erzählte ihnen dann, wie oft ich anschließend die Kinder wiederbeleben mußte. Es ist mir immer gelungen, Gott sei Dank!

Wenn ich Ende der fünfziger Jahre zu den Frauen, die in der Hauptsache Mehrgebärende waren, unter der Geburt sagte: »Da kommt eine Wehe, jetzt atmen wir in den Bauch«, dann tat die Mehrzahl der Frauen das noch lange nicht. Die wenigen aber, die machten, was ich ihnen vorschlug und zum Teil mit ihnen in der Badewanne eingeübt hatte, die sagten spätestens bei der dritten oder vierten Wehe: »Sie haben recht, Frau Schlundt, das tut ja gar nicht so weh!«

Dann, bei einer Fortbildung in der Uniklinik in Düsseldorf ein wenig später, versuchte die Oberhebamme, uns für beruhigendes Summen während der Wehen zu begeistern, und ich habe das freudig aufgegriffen. Daraus wurde dann ein Lied, das sich langsam am Gebärbett entwickelte, mit Sätzen, die der Gewalt der Wehen auf dem Höhepunkt entsprachen und dann ausklangen mit den Sätzen: »Alle Luft dem Kinde zu. Ich freue mich auf mein Kind! Die Wehe verebbt, wie eine Woge, wie eine Welle am Strand.« Einmal, als ich im Kurs eine Wehe anders ausklingen ließ, sagte mir ein Mann: »Ich habe die Woge und die Welle vermißt, das ist so ein schönes Bild.«

Vor etwa 15 Jahren kam noch ein Wort dazu. Um dies zu finden, mußte ich in die Pyrenäen fahren, zu Frans Veldmann, dem »Papst der Haptonomie«, einem Holländer. Dort wurde mir klar, daß ich über das Kind und nicht mit dem Kind sprach. Heute ist es mir unerklärlich, daß ich so lange gebraucht hatte – 15 Jahre –, bis ich den vorletzten Satz des Wehenliedes so formulierte: »Ich freue mich auf dich, mein Kind.« Und gleich, als ich zurückkam, sagte eine Frau: »Das haben Sie bei meinem ersten Kind so nicht gesungen. Das ist schön, mir wird's ganz warm ums Herz.«

Natürlich muß die Gebärende auch das Überatmen der Wehe und das »Hecheln« in der Geburtsvorbereitung kennenlernen, denn es kann unter der Geburt notwendig werden.

Ein Teil der Behinderungen von Kindern ist auf Sauerstoffmangel unter der Geburt zurückzuführen. Das ruhige vertiefte Atmen ist ein Weg, diesen Sauerstoffmangel zu verhindern. Ich habe eine Vision: Die Schwangere hört bei der Fahrt zur Arbeit in der Straßenbahn auf dem Discman den *Kölner Wehensong*, um so die Bauchatmung schon in der Schwangerschaft zu verinnerlichen.

Ich bin immer erfreut, daß manche Frau, manches Paar mir am Ende der Schwangerschaft sagte: »Ich freue mich auf das Abenteuer ›Geburt‹.« Und hinterher sagen sie verwundert, und darüber bin ich verwundert: »Es war alles so, wie Sie erzählt haben!« Ich denke dann immer: Wenn ich als Hebamme mit fünfzig Jahren Berufserfahrung nicht wüßte, wie es wahrscheinlich abläuft, wer soll es dann wissen?

Nach der Geburt kann der Wehensong und die Entspannungsmusik der CD dem Kind beim Einschlafen helfen, das haben öfter Mütter erzählt, ohne daß ich sie danach gefragt hätte.

Sobald die Wehe kommt

RUHIG
VERTIEFT
IN DEN BAUCH
EIN- UND AUSATMEN
FUSSWÄRTS
DEM KINDE ZU
FUSSWÄRTS
DEM AUSGANG ZU

Kölner Wehensong

EIN – AUS –
EINATMEN TIEF – LANGSAM AUS –
BAUCH WIRD VOLL – FÄLLT GANZ ZUSAMMEN –
ALLE LUUUFT – AUS DEM BAUCH –
IN DEN BAUCH – AUS DEM BAUCH –
ALLE LUFT – DEM KINDE ZU –
ICH FREUE MICH – AUF DICH MEIN KIND –
DIE WEHE GEHT – LANGSAM FORT –
VEREBBT WIE EINE WOGE –
WIE EINE WELLE AM STRAND –

Die heutige Generation der Mütter hat viel gelesen, ich habe das bei meiner Arbeit gemerkt. Wenn ein Kind sehr starke Blähungen hat, empfehle ich der Mutter, dem Kind ein gut warmes Fläschchen Fencheltee mit Kümmel und Anis zu geben. Ich brauche manchmal Tage, bis sie es tut. Das heißt, daß es vielleicht hilft, glaubt sie, aber sie hat ja das Wort »Saugverwirrung« gelesen, das durch die Bücher irrt und besagt, daß dieses Fläschchen das Kind mit Sicherheit von der Brust bringt! Und das will sie ja nicht.

Ich habe dieses Wort erst vor etwa zwei Jahren zum ersten Mal gehört und habe selbst in 48 Jahren keine Saugverwirrung erlebt. Oft erzählten mir die Mütter, ihr Kind lehne den Tee ab und verzöge das Gesicht, und dann hab ich ihm das Fläschchen gegeben und es trank. Heute, das muß ich gestehen, resigniere ich manchmal. Man wird einfach nicht jünger. Ich habe oft nicht mehr die Kraft und das Selbstvertrauen, die Frauen zu überzeugen.

Irgendwann einmal war das geschmacklose Plakat einer Frau mit drei Brüsten an jeder Haltestelle der Straßenbahn zu sehen. Es verschwand Gott sei Dank schnell wieder, weil es Proteste dagegen gegeben hatte. Mich erinnert dieses Plakat an einen Nachmittag vor ungefähr 25 Jahren, als in meinem Keller ein Vortrag über das Stillen stattfand, von dem ich, die Fachfrau und ein Stillfan, ausgeschlossen war. In diesem Vortrag von Veto Wolf wurde folgendes behauptet: Wenn die Natur Tee oder überhaupt Flüssigkeit neben der Muttermilch vorgesehen hätte, dann hätte die Natur der Frau eine dritte Brust mitgegeben. Was soll man dazu sagen?

Es gibt eben Stillfans und Stillfanatiker. Ein Fan, das war ich, und Fanatiker, das war ich nicht. Ich habe einer Frau, die nicht stillte, nie ein schlechtes Gewissen gemacht, aber oft, ohne daß eine Diskussion zu dem Thema stattgefunden hatte, erlebt, daß sie mich nach Tagen überraschte und sagte: »Ich hab es mir überlegt, ich stille doch!« Das waren schöne Momente. Mit der Flasche ist es leichter, aber an der Brust zu trinken ist sinnlicher und befriedigender für das Kind.

In den sechziger und siebziger Jahren stillte kaum mehr eine Mutter, außer wenn sie in Köln von Frau Plonka, Frau Troske, Frau Schmidt, Frau König, Frau Fuß, Frau Wittke, Fräulein André, Fräulein Bienert, Frau Spohr oder mir betreut wurde. Wir Hebammen haben immer unser ganzes Können und viel Zeit eingesetzt, das Kind an die Brust zu bringen. Wir waren darin geschult und brachten es sogar fertig, die Kinder an die knallharten Brüste zu bringen, die vor 40 Jahren die Regel waren. Das Neugeborene wurde schließlich damals nach 18 oder 24 Stunden erstmals angelegt, da es meist durch die Wehen- und Schmerzmittel, die der Mutter unter der Geburt verabreicht worden waren, schläfrig und kraftlos war. Wenn das Kind schließlich »angedockt« war (so sagt man doch heute?) und hörbar schluckte, war das Musik in meinen Ohren …

Im Marienhospital Hagen, wo ich für ein Jahr nach dem Examen tätig war, ist einmal etwas Trauriges passiert: Eine Mutter, die acht Jahre auf Nachwuchs gewartet hatte, wurde von Zwillingen überrascht. Nachdem die Kinder geboren waren, rief sie ein paar Mal aus: »Ich fall vom Stengel!«. Im Wochenbett brachten wir die Kinder zum Trinken an der Brust. Die Mutter ging glücklich nach Hause. Nach drei Wochen wurde der Junge mit Ernährungsstörung, das heißt Brechdurchfall eingeliefert. Er starb. Das Mädchen kam etwas später ebenfalls mit derselben Krankheit ins Krankenhaus und starb auch. Zu Hause hatte die Oma darauf gedrängt, daß die Kinder etwas »Richtiges« bekamen, und das war bei ihr nicht Muttermilch, sondern Ersatznahrung! Solche Erlebnisse kann man nicht vergessen. Die Säuglinge waren einfach noch zu klein für diese Art der Nahrung.

Flüssigkeitsmangel kann dem Gehirn schaden, das sollten die Mütter auch wissen! Die Stillfanatiker meinen es gut. Sie sind überzeugt von der Menschenmilch. Aber ein Kind, das an der Brust hungert, weil es nicht ausreichend Flüssigkeit bekommen hat, wollen sie bestimmt auch nicht.

Wir Hebammen waren froh, als wir von La Leche League Unterstützung bekamen. Ich habe durch diese US-amerikanische Vereinigung stillender Mütter auch etwas für mich als Hebamme Unfaßbares gelernt: In Afrika, aber auch in Europa, soll es vorgekommen sein, daß Frauen, die nie geboren hatten, Milch bekommen haben, wenn sie ein Adoptivkind beharrlich anlegten. Frauen, die das schaffen, brauchen natürlich viel Motivation sowie ungeheure Geduld und Ausdauer.

Wickeln

Ich mache im Sommer die Wochenpflege bei den schon älteren Säuglingen hin und wieder gern am Abend. An einem Abend empfangen mich die Eltern mit der Frage: »Wie oft müssen wir das Kind eigentlich windeln?« Ich frage zurück: »Wie oft habt ihr es denn heute gewickelt?« Sie antworten im Chor: »17 Mal!« Ich antworte: »Ihr armes Kind!«

Ich bin der Meinung, daß nur kalte Nässe dem Kind unangenehm ist. Deshalb gebe ich den Eltern den Rat, das Kind in der Nacht – wenn es ein Brustkind ist – nach dem Stillen ungewickelt wieder ins warme Bettchen wegzulegen, so daß alle schnell wieder einschlafen können. Dabei ist auch darauf zu achten, daß das Bettchen nicht aufgedeckt wird, damit die

Bettwärme nicht verloren geht. Wenn so aus dem nächtlichen Stillen kein »Aufstand« wird und Mutter und Kind schnell wieder in den Schlaf finden, ist das ein großer Schritt zur Normalität. Die Mütter sind für diesen Rat meistens sehr dankbar – manchmal haben sie nämlich ein schlechtes Gewissen, wenn sie es schon einmal so gehandhabt haben. Das Kind wird bei Muttermilchernährung sowieso selten wund.

Und ich bin der Meinung, daß das Neugeborene nicht weint, weil es eine volle Hose hat. Wenn ich das jedoch äußere, höre ich von den Eltern oft, daß das Kind aber nach dem Wickeln ruhig war. Ich denke dann eher, daß dem Kind der Kontakt mit der Mutter beim Wickeln gut getan hat und es deshalb nicht mehr weinte.

Mein Dank gilt Ulrike Gräfin Wolff Metternich, die mit mir meine CD und mein Buch so beherzt in Angriff nahm und mir zuhörte, und ihren Eltern Hanneliese und Hans Schirmen, Monika Krause, meiner Nachbarin, die nach Feierabend ebenfalls zu schreiben half; allen, die mir Mut machten: Ulli Richter und die Lieben vom Vringstreff; dem gastfreundlichen Domforum; der Emmausgemeinschaft Köln: Willi und Pasqual, Hans, Franz, Horst, Georg und Heinrich, Christine, Mado, Trixi, Johannes, Gregor, Vlado, Magda und Lisa; Prälat Heribert Michels; Robert Kleine; Thomas Kern; Dr. Bernd Potthast von der Dr.-Franz-Stüsser-Stiftung; Robert Hartmann (Betten Hartmann), dessen Eltern die erste Auflage meiner CD finanzierten und der das Cover dazu entwarf; Tato Gomez, der Mozart und Haydn beisteuerte; Helga Beil, die so begeistert und gekonnt meine Ideen umsetzt; dem Vorstand der Oase, der mir ein so schönes und fröhliches Fest zum 150jährigen Jubiläum bereitete: Detlef Beßling und Ursula Gittel; Odilia von den Steyler Schwestern; Regina und Günther Jikeli, an deren Tisch ich immer willkommen war und durch die ich das Radio wiederentdeckte; Jürgen Fell, meinem Schwiegerenkel, der meinen Flyer mitgestaltete; meiner Logopädin Susanne Okreu und meiner Ergotherapeutin Yvonne Richter und allen Krankengymnastinnen, die mich in den Händen hatten; und allen Familien und Frauen, die mir ihr Vertrauen schenkten.